LAURA VERAS

EU E O LIXO

EU E O LIXO

A ARTE DO DESCARTE SUSTENTÁVEL: MINHA JORNADA PESSOAL

LAURA VERAS

CASA DO ESCRITOR

Recife – PE

2023

Eu e o Lixo

A arte do descarte sustentável: minha jornada pessoal

Laura Veras

Editor

Eldes Saullo

Revisão

Triza Marsallo

Projeto Gráfico e Editorial

Casa do Escritor

Dados Internacionais de Catalogação na Publicação (CIP)
(Câmara Brasileira do Livro, SP, Brasil)

```
Veras, Laura
    Eu e o lixo : a arte do descarte sustentável:
minha jornada pessoal / Laura Veras. -- Recife, PE :
Ed. da Autora, 2023.

    ISBN 978-65-00-88863-8

    1. Lixo - Eliminação - Aspectos ambientais
2. Reciclagem (Resíduos etc.) 3. Sustentabilidade
I. Título.

23-184712                          CDD-363.7282
```

Índices para catálogo sistemático:

1. Lixo : Reciclagem : Problemas sociais   363.7282

Eliane de Freitas Leite - Bibliotecária - CRB 8/8415

Dedicatória

Dedico este livro à natureza,
a mais bela arte de DEUS.

Agradecimentos

Agradeço a Deus por me inspirar na minha nova missão de vida, que tem um único propósito: conscientizar as pessoas de que as soluções para o grave problema do lixo no meio ambiente estão em nossas mãos.

Agradeço também aos meus familiares e amigos, por todo o apoio dado ao meu projeto. Aos meus netos, por testarem os brinquedos reciclados. E, principalmente, ao meu marido, pela paciência que teve ao ver nosso lar se transformar em um laboratório de reciclagem. Amo muito todos vocês.

Sumário

Prefácio

A sustentabilidade é ação de primeira ordem na sociedade contemporânea. A relação dos seres humanos com o meio ambiente é assunto solene atualmente. As práticas ambientais precisam ser ensinadas às crianças na condição de formação humana e aos adultos compete a reeducação de seus hábitos para poderem adquirir consciência do quanto somos capazes de agredir a natureza e o planeta nos pequenos atos do dia-a-dia.

Sendo esta meta algo que se cumpre cotidiana e discretamente, Laura Veras pode ser considerada uma formiguinha trabalhadora da causa ambiental. Muito embora ela já tenha uma vasta gama de eventos, iniciativas, obras de arte, palestras e livros publicados, sua mais relevante ação é o exemplo que ela perpassa para todos ao seu redor. Laura respira sustentabilidade e inspira boas práticas socio-ambientais.

Trabalhar com reutilização e reciclagem de produtos requer criatividade, ímpeto e comprometimento ambiental para reter o maior número possível de insumos do fatalístico descarte. É preciso ver coisas antes delas efetivamente existirem, cogitar novos destinos, intuir sobre utilidades ou remodelagens diante dos potenciais proveitos que as embalagens nos oferecem. Noutras palavras, é preciso que algo exista antes de existir.

Faz sentido que o projeto de reciclagem da autora tenha começado como brincadeira de uma avó com seus netinhos, pois o ato de brincar fala sobre empregar a imaginação para preencher as lacunas que a realidade revela ou, simplesmente, negar as coisas como são para apoiar-se no que poderia haver diante de alguns pontos materiais de referência. Estamos falando de fantasias infantis ou da habilidade artística para reciclagem? Certamente, a retroalimentação entre avó e netos rendeu bons frutos – para as crianças, memórias felizes de uma avó inventiva que garantiu a infância bem vivida; e para esta avó, a descoberta de que imaginar algo é apenas o primeiro passo para que as realizações aconteçam verdadeiramente.

Em suas confissões, a autora narra sobre como pedia em suas orações que os propósitos e os novos caminhos pós-aposentadoria fossem capazes de desviá-la de encontrar novamente com a depressão, e como a causa socioambiental foi uma resposta divina a essas preces. Dito isto, posso afirmar que Laura Veras descobriu dentro do si o entusiasmo mais verdadeiro que existe.

Explico: segundo a etimologia grega, a palavra "entusiasmo" significa "Deus dentro de si", um vocábulo que explica o momento em que a alma é tocada pela inspiração divina e o nosso contentamento é movido pela circunstância de estarmos na companhia celestial naquele momento. Se você, caro leitor, sentir-se entusiasmado com algo, saiba, a centelha divina iluminou o seu caminho. É sobre isto que o presente livro explana: do fulgor de uma alma inquieta na busca por um propósito que requeira despir-se de si e renovar-se diante de algo maior. O entusiasmo desta ativista nunca passa despercebido!

Ao atender o chamado da sustentabilidade, novos (re)significados desaguaram do dia-a-dia, seja na cozinha, no jardim, no closet, nas artes plásticas ou nos brinquedos. Laura Veras brinca de ressignificar as coisas com a naturalidade de uma criança imaginando ludicidades; todavia, longe de tratar-se de assunto de menor valia, a autora está buscando alternativas para que os deslindes dos objetos reflitam ética socioambiental, consumo consciente, preservação ecológica e futuros possíveis para coisas, pessoas e seguimentos sociais.

Longe de conceber tal medida como algo inatingível ou que apenas seria possível na condição de atuação formal do Poder Público, este livro apresenta-se como manual de viabilidades para a descoberta da conscientização socioambiental no cotidiano das famílias – da origem nos supermercados e lojas, até o reuso possível depois que o bem esgotou sua função original de consumo. Ao compartilhar a sua experiência pessoal e doméstica sobre as descobertas que o reuso dos utensílios pode promover, a autora desperta em todos a lucidez acerca do universo de coisas úteis que ainda não foram implementadas porque estes bens são socialmente enquadrados na condição de "lixo" que devem ser "jogados fora".

O problema é que se entende por "jogar fora" o ato de destituir as coisas do ambiente pessoal para que ele encontre um lugar no mundo para repousar eternamente, mas, se o mundo é uma casa coletiva, não há nada que esteja verdadeiramente "fora" do nosso âmbito de responsabilidade para com o descarte. Assim, cuidar do destino do lixo é tutelar o interior e o exterior da nossa própria casa; significa apropriar-se daquilo que nos compete como seres humanos integrantes de uma majestosa cadeia natural e artificial que vem sendo usada à exaustão e que gerará um preço que se cobrará na saúde, na dignidade, na economia, no ar respirável, na existência das espécies e no próprio acesso da nossa geração ao futuro na terra.

Se o planeta terra é o único lar possível da humanidade até então, não há nenhum espaço "fora" para ser jogado, pois absolutamente nenhum local no mundo está além da nossa esfera de dever socioambiental. Repensar o manejo do lixo é condição de sobrevivência humana a esta altura, e este livro e sua autora convidam gentilmente o leitor a desvendar todas as camadas de obrigação pessoal, empresarial, social e familiar com o trato das coisas.

Nesta nova obra, da qual me honra a apresentação do prefácio, a escritora Laura Veras nos traz recortes biográficos de sua trajetória que revelam, de maneira simples, realista e sensível, como a inquietação sobre as responsabilidades sociais trouxeram seu novo sopro de vida após encerrar um longo ciclo profissional. Ao finalizar sua trajetória no mundo empresarial, deu-se luz à missão para com o lixo próprio e coletivo. É interessante vislumbrar que ao descartar a etapa empresarial de sua vida, Laura reciclou sua própria jornada, fazendo do destino do lixo um interregno de reinícios – tanto para os materiais, como para si própria. Para o lixo e para a vida, o fim da linha pode (e deve) significar novos recomeços.

Erica Oliveira Cavalcanti Schumacher

Vice-Presidente da Comissão de Direito Ambiental da
OAB Jaboatão dos Guararapes

Introdução

Neste livro, eu relato toda a minha história em prol da sustentabilidade — especificamente em relação **ao grave problema do lixo no meio ambiente** e como esta descoberta me motivou a trabalhar para esta causa tão necessária e importante para nosso país e para o planeta.

Compartilho a experiência adquirida dentro da minha própria casa, durante os últimos cinco anos, em que me dediquei **a repensar, recusar, reduzir, reutilizar e reciclar meu lixo doméstico** e a pesquisar sobre vários materiais que são descartados na natureza, causando muitos problemas ambientais.

Este livro lhe fará refletir sobre nossa responsabilidade individual perante nosso planeta. Creio que, ao final desta leitura, você estará mais consciente e realizará as mudanças necessárias nos seus hábitos diários. Com certeza, elas contribuirão muito para o desenvolvimento sustentável do nosso país!

A autora

"CARREGAMOS DENTRO
DE NÓS AS COISAS
EXTRAORDINÁRIAS QUE
PROCURAMOS A NOSSA VOLTA".
(THOMAS BROWNE)

Capítulo I
Fim de um ciclo

Difícil descrever meus sentimentos naquela hora. Ao mesmo tempo, um turbilhão de emoções tomava conta de mim: misto de tristeza, revolta, decepção, raiva, frustração e, finalmente, a certeza de que não haveria mais nada a fazer a não ser aceitar a derrota, que era a única alternativa sensata possível.

Após 25 anos trabalhando no ramo do varejo de calçados, dos quais 10 anos trabalhei como lojista, eu estava fechando as portas da minha última loja. As outras três já haviam sido fechadas em anos anteriores. Naquele momento, também estava sendo encerrado um ciclo da minha vida e, com ele, vários sonhos e projetos que nunca se realizariam.

Ano de 2017, época de mais uma crise financeira e política no Brasil. Mensalmente, várias lojas e empreendimentos eram fechados, e havia chegado a minha vez. O sentimento de frustração crescia dentro de mim sempre que pensava nas dívidas que havia acumulado no último ano de funcionamento da loja.

Com a venda do ponto, consegui quitar o débito trabalhista, mas ainda faltava pagar alguns fornecedores e a dívida tributária — a maior de todas! Isso era o que mais me indignava! Durante nove anos paguei todos os compromissos, todos os impostos, e quando digo todos, são todos, mesmo!

Todas as mercadorias que chegavam nas minhas lojas vinham com as notas fiscais de entrada com seus valores reais de compra, e em todas as vendas realizadas meus clientes recebiam seus respectivos cupons fiscais. Os salários e comissões de meus funcionários eram pagos integralmente e todos tinham suas carteiras de trabalho devidamente assinadas, constando o valor real que recebiam. E tudo isso, para quê? Para ver a triste realidade de que, em nosso país, os setores básicos como educação, saúde, transporte e segurança são ineficazes porque grande parte dos valores dos impostos são desviados para a corrupção.

Meus últimos 12 meses de atividade comercial foram os mais difíceis. Minhas noites eram sempre mal dormidas e diariamente tinha que escolher a quem iria pagar, já que o valor das contas a receber era sempre inferior ao das contas a pagar. Minhas escolhas sempre beneficiavam os principais credores responsáveis pelo funcionamento da loja, ou seja, funcionários e fornecedores. E assim, a dívida tributária foi se avolumando, até chegar a um patamar insustentável: por mais que a loja vendesse, nunca conseguiria quitar os impostos atuais e os passados, que sempre eram acrescidos de juros e correção monetária. Meu marido, com formação em engenharia civil e com muita experiência em cálculos, me alertou que eu deveria encerrar minhas atividades comerciais, porque a loja nunca daria lucro por causa dos altos custos financeiros. Ele me falou várias vezes:

— Laura, se você quer que sua loja seja rentável, terá que demitir a maioria dos funcionários e você mesma terá que abrir e fechar a loja diariamente, além de assumir toda a parte administrativa e de compras!

E minha resposta era sempre a mesma:

— Você se esqueceu de que saí de uma empresa que eu amava, onde trabalhei por 15 anos, para ter meu próprio negócio e assim ter mais tempo para ficar com nossos netos?

E a contrarresposta dele, invariavelmente:

— Você não precisa mais trabalhar! O que ganho é suficiente para vivermos tranquilamente. Vamos viajar mais e curtir os netos!

Ao ouvir o que ele dizia, no mesmo instante eu pensava:

— Meu Deus! O pesadelo vai começar novamente!

Eu me reportava a anos atrás, quando estive inativa por três anos e fui acometida por uma séria depressão. Durante aquele período, preenchia meu tempo com os afazeres domésticos, com a educação dos meus três filhos — o caçula com menos de um ano —, e trabalhando uma vez por semana como voluntária em uma entidade assistencial.

Nada disso foi suficiente para preencher o terrível vazio que crescia dentro de mim. Tive insônia, não conseguia me alimentar direito, nada tinha sabor, perdi peso e as noites eram intermináveis. **Procurei ajuda médica e fiz tratamento com antidepressivos e ansiolíticos, além de terapia com psicólogo, três vezes por semana.**

Realmente, aquele era um passado que eu queria esquecer! Mas, a situação atual era bem diferente. Se continuasse com a loja, eu me endividaria cada vez mais, estava infeliz e tudo isso afetava seriamente meu casamento. **A única saída mesmo, era fechar meu negócio e admitir que a minha persistência havia se transformado em teimosia.**

Com a ajuda financeira do meu marido, consegui negociar as dívidas com os fornecedores, bancos, Secretaria da Fazenda e Receita Federal. E assim, acabou o meu sonho de ser franqueadora de lojas de calçados.

"QUANDO VOCÊ ACEITA
O FIM DE UM CICLO, O UNIVERSO
ENTENDE QUE VOCÊ ESTÁ PRONTO
PARA RECOMEÇAR".

Laura Veras

Capítulo II
Recomeço

Uma semana depois, ainda atordoada com todas as providências burocráticas necessárias para o fechamento oficial da loja, me encontrei com uma vizinha do prédio onde moro:

— Oi Laura! Tudo bem? Soube que você fechou sua loja!

— Pois é, Michele! Infelizmente, não tive outra saída.

— Laura, preste atenção! Eu já fui lojista quando morei no Rio de Janeiro e passei por tudo isso que você está passando agora. Durante mais ou menos seis meses, você continuará se achando a mais incompetente das lojistas e ainda pensará no que mais você poderia ter feito além do que já fez. Mas fique tranquila, aos poucos tudo vai entrando nos eixos.

— O que me angustia, Michele, é ficar sem trabalhar! Como é que vou preencher o meu tempo?

— Quem disse que você não vai ter o que fazer? Tenha certeza de que não terá tempo para fazer tudo o que quer!

— Será mesmo?

— Claro! Agora, vou lhe dar um conselho, administre o seu tempo de acordo com suas prioridades. **As pessoas ao redor acharão que, por estar sem ocupação, você estará sempre disponível para resolver os problemas delas. Ajude-as quando for realmente necessário!** Procure fazer as coisas que sempre quis fazer e não teve tempo e vá ser feliz!

— Obrigada, Michele! Foi muito bom conversar com você!

As palavras de Michele ficaram em minha mente durante um longo tempo e no dia a dia constatei que eram todas verdadeiras. **Passei pela fase da vitimização, me sentindo injustiçada e incompetente como profissional**. Em relação aos familiares, precisei dizer "não" várias vezes para atender as minhas prioridades, o que geralmente me causava desconforto e sentimento de culpa, mesmo sabendo que as ocasiões em que eu dizia "sim" eram muito mais constantes.

Meu marido me aconselhou a ocupar meu tempo dando consultoria para o varejo, mas a última coisa que eu queria rever era o ambiente de lojas! Passei um bom tempo sem frequentar shoppings. **Eu não**

conseguiria ser motivadora naquele momento. Como passar otimismo para as pessoas, se o que eu sentia dentro de mim era pura revolta e descrença? Não! Eu precisaria primeiro viver "aquele luto" para depois voltar a trabalhar com pessoas, que foi o que sempre amei fazer, quando estive na liderança das lojas AREZZO em Recife e Jaboatão/PE durante 15 anos e à frente das minhas próprias lojas, com contato constante com funcionários e clientes.

Relembrando as palavras de Michele, fiz uma lista de coisas simples do dia a dia, mas que nunca tive tempo para fazer. Bem, tempo era o que menos me faltava! Comecei pela organização da minha casa. Sempre gostei muito de plantas, mas os cuidados com elas eram incompatíveis com a vida que eu levava. Comprei várias espécies e as espalhei pela casa, de acordo com a iluminação necessária para cada uma. Minha neta Giovanna fez um comentário:

— Vovó, sua casa está parecendo uma floresta!

Ri com aquela observação, mas ao mesmo tempo constatei que "aquela floresta" estava me fazendo um bem enorme! E não dava tanto trabalho assim como eu imaginara. Procurei acomodar na varanda as plantas com flores e o visual ficou maravilhoso! Chamava atenção dos familiares e amigos que nos visitavam.

Mudei a decoração da casa apenas trocando os móveis e objetos de lugar, e com o complemento das plantas, minha casa ficou com muito mais vida! E era disso que eu precisava, de energia positiva ao meu redor! Li certa vez que **"é o nosso comportamento que muda o nosso sentimento"**, exemplificando com a metáfora de que **"o passarinho é feliz porque canta",** e não o contrário. Constatei que isso também é verdadeiro. **No início é bem difícil, eu sei por experiência própria, mas, com o passar do tempo, os nossos sentimentos vão mudando**.

A partir do momento em que mudei meu comportamento diário com atitudes positivas, comecei a me sentir melhor. Depois, passei para a organização geral da casa. Arrumei todos os armários, descartando tudo o que não me seria útil e doando para quem mais precisava.

Modifiquei a rotina das atividades domésticas com minha secretária, implementando métodos simples, mas eficazes, com o objetivo de proporcionar mais conforto e bem-estar a todos. Estabeleci dois dias na semana, segundas e quartas-feiras à tarde, para ficar com meus quatro netos: Júlia, Giovanna, Larissa e Vinícius, com idades de dez, sete, cinco e dois anos respectivamente. Nesses dias eles vinham direto da escola para minha casa e só iam embora após o jantar. Nessa época as brincadeiras eram muito divertidas! Aprendi a fazer bolos, sorvetes e biscoitos para agradá-los e eles adoravam! Recebi um elogio de Júlia que nunca mais vou esquecer:

— Vovó, este é o bolo de chocolate mais gostoso que comi em toda a minha vida!

E no seu aniversário de 10 anos, ela dispensou o tradicional bolo de festa e disse que queria o "meu bolo". Ainda tentei argumentar que era uma ocasião especial, que pedia algo mais elaborado, mas ela logo me convenceu:

— Vovó, o aniversário é meu! E eu vou comer o bolo que eu mais gosto!

Outra vez, Felipe, meu segundo filho, comentou:

— Mamãe, eu não sabia que a senhora fazia bolos tão bem!

E minha resposta:

— Nem eu, meu filho!

Existe uma frase atribuída a Santo Agostinho que diz o seguinte: **"Prefiro os que me criticam, porque me corrigem, aos que me elogiam, porque me corrompem"**. No meu caso, os elogios só me fizeram bem e me impulsionaram a caprichar cada vez mais. Se alguém, alguns anos atrás, me dissesse que um dia eu iria fazer bolos, eu iria rir da piada. Logo eu, que mal sabia fritar um ovo! Por trabalhar o dia inteiro fora de casa durante 30 anos, eu nunca me considerei uma dona de casa, sempre brinquei dizendo que eu era "dona da casa".

Comecei também a ensinar espanhol básico para meus netos, com o que aprendi em três anos de curso, e as aulas eram bem divertidas. E para finalizar as previsões de Michele, realmente consegui preencher todos os meus horários semanais com as atividades domésticas, com as atividades físicas, com a família, com os cuidados com a saúde e com o lazer, e comecei a ficar sem tempo para fazer tudo o que queria.

Com formação em Administração de Empresas, sempre gostei muito de ler livros sobre liderança, e um que marcou minha vida foi "Paixão por Vencer", de Jack Welch. Em uma parte deste livro, o autor comenta: **"seja incansável no aprendizado mútuo, adote uma atitude positiva e espalhe-a ao seu redor, nunca se deixe transformar em vítima e, pelo amor de Deus, divirta-se!".** Reler este texto também me fez muito bem!

"NO CAMINHO DIFÍCIL DA VIDA, RECOMEÇAR PODE SER MAIS LEVE DO QUE INSISTIR NO QUE NÃO VAI BEM"

Laura Veras

Capítulo III
Uma luz no fim do túnel

Eu não acreditava que um ano havia se passado! E eu conseguira "sobreviver" sem o trabalho que amava tanto.

Na minha rotina semanal, todo o meu tempo era preenchido. Mas, dentro de mim, ainda havia um vazio, uma sensação triste e um aperto no peito que aparecia de vez em quando. Sempre que isso acontecia, eu pensava: Pare com isso, Laura! Tantas pessoas desejariam ter sua vida e não precisar trabalhar. Vá ser feliz! **Mas, como ser feliz com aquele vazio? E aí eu fazia orações e pedia a Deus que me afastasse do pesadelo da depressão.** Eu não queria passar por tudo aquilo novamente. Lembrei-me das palavras do meu psicólogo, na época em que precisei fazer terapia, quando em uma das sessões eu comentei:

— Sílvio, eu já estou me sentindo melhor, com os remédios e com a terapia. Já consigo realizar minhas tarefas pessoais e domésticas, ocupo todo o meu tempo, e mesmo assim, sinto um vazio dentro de mim. Uma sensação muito ruim, muito desconfortável.

E ele me respondeu:

— Laura, felizmente você está bem melhor em relação ao quadro depressivo. O que você está sentindo agora é angústia! E você sabe o porquê disso?

— Não! – respondi.

E ele:

— **Porque apesar de ter todo o seu tempo preenchido, você não está "produzindo" nada! Você não vê o resultado do seu trabalho!** Provavelmente, é isso o que está acontecendo. Volte a trabalhar em algo que goste e esta angústia passará. E em pouco tempo seu psiquiatra vai lhe liberar dos medicamentos.

Ele estava certo! **Com certeza era isso o que estava acontecendo novamente comigo. Teria que voltar a trabalhar, a produzir, a me sentir útil de novo.** Mas, trabalhar em quê? Não conseguia pensar em nada que me motivasse. Todas as noites, quando fazia minhas orações, eu pedia a Deus que me iluminasse e que um novo caminho surgisse para dar um novo sentido a minha vida.

Os dias iam passando e eu não conseguia pensar em nada, só me vinha na mente o que eu não queria mais. **Eu não sabia o que iria fazer, mas depois de ter trabalhado durante 30 anos, sabia muito bem o que não queria mais para a minha vida. E assim, fiz a minha lista do que "NÃO QUERO MAIS FAZER":**

1 – Não quero trabalhar distante de casa e enfrentar horas de engarrafamento;

2 – Não quero almoçar fora de casa diariamente;

3 – Não quero ter horários rígidos de trabalho;

4 – Não quero ficar longe dos meus netos;

5 – Não quero ter um negócio próprio e ficar refém da atual legislação brasileira: trabalhista, tributária e fiscal.

Bem, já era um começo! Lembrei-me também de uma palestra que assisti certa vez em que o palestrante perguntou à plateia: **"Qual marca você quer deixar para o mundo?". Fiquei pensando: qual seria a "minha marca"?** Nos anos em que trabalhei no varejo, ouvi várias vezes dos meus funcionários e de ex-colaboradores:

— Laura, você fez uma diferença muito grande em minha vida! Eu lhe sou grato(a) para sempre!

Eu ficava muito feliz e realizada quando ouvia esses comentários, e foram várias vezes! Então, a marca que eu queria deixar para o mundo era: **Fazer algo positivo que impactasse a vida das pessoas!** Mas, o quê? E a resposta me veio pouco tempo depois, brincando de "reciclagem" com meus netos. **Constantemente, eu via na TV reportagens sobre o lixo que era descartado irregularmente na natureza e em áreas urbanas e suas consequências negativas.**

Nessa ocasião, minhas netas me deram uma aula de sustentabilidade e me falaram do problema do lixo no meio ambiente, me repassando tudo o que tinham aprendido na escola. Minha geração e a de meus filhos não tiveram essas valiosas informações.

Comecei a pesquisar na internet, em sites oficiais, tudo o que se relacionava ao assunto. Diariamente aprendia algo diferente e via diante de mim um mundo de possibilidades e desafios. Um dos planos que eu tinha em mente, para quando me aposentasse, seria trabalhar em algum projeto social. **Então, como num passe de mágica, surgiu uma luz no fim do túnel! Descobri minha nova missão no mundo! Criar um projeto para conscientizar as pessoas, de crianças a idosos, e, ao mesmo tempo, promover ações que beneficiassem o meio ambiente.** Ter conhecimento de que somente 9% do lixo plástico é reciclado no mundo e que no Brasil essa taxa está em torno de 3% é uma realidade triste e bastante desafiadora, porque **as consequências do resíduo plástico que dura 400 anos para se decompor na natureza são diversas — está causando a morte de animais marinhos, aumento da poluição, obstrução de vias públicas, prejuízo ao turismo, problemas com a saúde pública, desperdício de dinheiro público, desvalorização de imóveis, alagamentos e inundações, dentre outros problemas sérios.**

Moro atualmente em Jaboatão dos Guararapes/PE, região metropolitana de Recife. Normalmente temos problemas com alagamentos em nossa região, porque o efeito da obstrução causada pelo lixo nas galerias da cidade é enorme.

Com a grande quantidade de água, o lixo é levado pelas ruas em direção à tubulação, que por sua vez, em virtude do entupimento, não consegue o devido escoamento. O lixo entope os bueiros e se acumula nas galerias subterrâneas para onde escoa a água da chuva, reduzindo sua vazão e causando inundações. Infelizmente, essa também é a realidade da maioria das capitais brasileiras.

Além dos alagamentos urbanos, o lixo ocasiona a poluição hídrica (poluição dos rios, lagoas e oceanos). Com a água contaminada, a água se torna imprópria para o consumo e os seres humanos e animais são muito prejudicados,

Sempre fui movida a desafios, e me engajar num desafio desta proporção era ter a certeza de que nunca me faltaria "combustível" para a vida inteira. Para alterar positivamente o atual cenário nacional, seria necessário engajamento de toda a sociedade, começando com pequenas mudanças de hábitos, mas que fariam grande diferença quando somadas coletivamente.

Pensando em tudo isso, agradeci a Deus por iluminar meu caminho e me fortalecer no propósito de trabalhar nesta causa tão necessária e que beneficia o homem e a natureza. Minha decisão também foi influenciada pela lista que fiz do "Não quero", já que poderia conciliar este trabalho, sem precisar fazer coisas que não queria mais para a minha vida. Após trabalhar 30 anos no ramo privado, havia chegado a hora de dar minha contribuição para o coletivo. Estava com 58 anos e com muita saúde, graças a Deus!

"SEMPRE HAVERÁ UMA LUZ NO FIM DO TÚNEL. SEMPRE HAVERÁ SOLUÇÕES PARA OS PROBLEMAS. O SEGREDO É NUNCA DESISTIR."

Capítulo IV
O despertar para a sustentabilidade

Pesquisando na internet, tomei conhecimento de que cada brasileiro chega a produzir em média 1 quilo de lixo plástico por semana! Comecei a fazer as contas do número de semanas que já tinha vivido até aquele momento e de quanto tinha impactado negativamente o planeta. Logo eu, que sempre me considerei uma pessoa inteligente, bem-educada, bem-intencionada. **Confesso que sempre acreditei que jogando o lixo fora, em seu devido lugar, estava fazendo a coisa certa e que a partir dali a responsabilidade não era minha! Na verdade, isso é o mínimo que cada um de nós precisa fazer.**

O Brasil é o 4º país do mundo que mais gera lixo plástico e recicla menos de 3%, ficando atrás dos Estados Unidos, da China e da Índia, que são os países mais poluidores deste material. Então, mesmo que descartemos os diversos tipos de lixo em seus locais apropriados, como o nosso país recicla muito pouco, a maioria destes resíduos sólidos irão parar em aterros sanitários ou lixões a céu aberto, causando diversos prejuízos ao meio ambiente, como: contaminação do solo e da água pelo chorume, gerando doenças, mau cheiro e aumento do número de incêndios causados pelos gases gerados pelo lixo em decomposição, deslizamento de encostas, assoreamento de mananciais, estrago na paisagem, além dos problemas que descrevi anteriormente sobre o lixo plástico.

A distribuição do lixo no Brasil é feita da seguinte forma: 60% vão para aterros sanitários e lixões, 20% são descartados na natureza e 20% não são recolhidos.

Um dos maiores desafios da humanidade hoje, segundo o Fundo Mundial Para a Natureza (WWF), é lidar com os resíduos sólidos descartados, ou seja, com o lixo. **A sustentabilidade, que é o equilíbrio do meio ambiente, onde todos os seres vivos (seres humanos, animais e** plantas**); e os recursos naturais: água, solo, luz e ar) precisam estar em completa harmonia, foi seriamente afetada por causa do lixo produzido pelos seres humanos.** E foi assim que descobri, no "lixo", a minha mais nova razão para viver e ser útil novamente para a sociedade. Foi impressionante como essa descoberta impactou a minha existência, me dando novo ânimo para viver.

Ao tomar essa decisão, lembrei um fato que havia acontecido há mais de vinte anos, quando eu era voluntária numa entidade assistencial. Na época, eu auxiliava no trabalho de orientação a gestantes carentes e organizava enxovais de bebê que elas recebiam quando seus filhos nasciam. Todas as peças dos enxovais eram de doações. Numa tarde de verão, eu estava organizando as roupinhas, quando vi chegar um enorme carregamento de embalagens recicláveis: plásticos, vidros, papelões e metais, que seriam vendidos para empresas de reciclagem. O dinheiro arrecadado seria destinado a uma comunidade carente que ficava vizinha à instituição. Vi a presidente da casa muito feliz com aquela remessa, mas, ao mesmo tempo, muito preocupada, porque os voluntários responsáveis pela separação do lixo não estavam lá. Como o montante era imenso, teria que ser separado logo e já enviado para as respectivas empresas de reciclagem, já que não havia espaço suficiente para estocar toda aquela montanha de lixo. Imediatamente me ofereci para fazer a separação dos recicláveis. Normalmente não uso cor branca em minhas roupas, por achar que fico muito pálida, mas especificamente naquele dia eu vestia bermuda e camiseta brancas. A presidente me olhou e disse:

—Laura, você está vestida de branco, como é que vai separar todo esse lixo? Não temos aventais aqui.

E minha resposta:

— Não tem problema, tenho água sanitária em casa!

Comecei a fazer a separação colocando em sacos distintos: os plásticos, os vidros, os papelões e os metais. A presidente fez um comentário:

— Laura, você é a gari mais chic que já vi na vida!

Rimos juntas. Naquele dia voltei mais tarde para casa, mas me sentindo muito bem por ter conseguido fazer todo o trabalho. Quem diria que, mais de vinte anos depois, eu estaria ativamente trabalhando nesta causa ambiental?

"QUANDO O HOMEM APRENDER A RESPEITAR ATÉ O MENOR SER DA CRIAÇÃO, SEJA ANIMAL OU VEGETAL, NINGUÉM PRECISARÁ ENSINÁ-LO A AMAR SEUS SEMELHANTES".
(ALBERT SCHWEITZER)

Capítulo V
Analisando meu lixo doméstico

Iniciei meu mais novo trabalho analisando o meu lixo doméstico. Fiquei perplexa com a quantidade de embalagens plásticas e de diversos materiais que eram descartados diariamente, além do lixo orgânico. No prédio onde moro, a coleta do lixo não é seletiva. Existe apenas a separação do lixo orgânico e do lixo seco (plástico, vidro, papelão, etc.). Lembrei-me dos **5 R"S** da Sustentabilidade, que são 5 ações práticas que podemos aplicar diariamente para preservar nosso planeta, melhorando nossa vida e das futuras gerações. Revi seus conceitos:

— **REPENSAR** — Analisar nosso consumo e fazer o descarte correto do lixo. Repensar é o início dessa mudança. Onde não existe a coleta seletiva, o lixo orgânico deverá ser separado do lixo seco.

— **RECUSAR** — Adquirir apenas aquilo que realmente necessitamos e de preferência de empresas preocupadas com o meio ambiente. Evitar produtos que, ao serem descartados, gerem impactos ambientais negativos, como por exemplo, os descartáveis.

— **REDUZIR** – Consumir só o necessário para diminuir a geração de lixo e poupar os recursos naturais, como por exemplo, não desperdiçar a água.

— **REUTILIZAR** – Utilizar novamente embalagens ou produtos que seriam descartados. Algumas embalagens podem ser reaproveitadas ou utilizadas para outras finalidades.

— **RECICLAR** — Transformar algo usado em algo novo por processo de reciclagem industrial ou doméstica. A reciclagem só é possível se o lixo estiver separado.

Após rever esses conceitos, comecei a colocar em prática todos eles. Repensei o meu consumo doméstico e fiquei mais atenta à separação do lixo. Constatei que a cozinha é o local da casa onde mais produzimos lixo, porque além dos restos dos alimentos, ainda existem as embalagens que são descartadas.

Apesar de ter dois lixeiros na minha cozinha, um para orgânicos e outro para lixo seco, notei que constantemente alguém descartava produtos na lixeira errada. Nesse período em que fiz essa "fiscalização", ocorreram vários momentos de estresse porque todos achavam que eu estava exagerando e que, no final das contas, o lixo iria ser misturado mesmo, então aquilo não serviria para nada. No início foi muito difícil convencer meus familiares de que aquilo era necessário, porque o mínimo de lixo que fosse reciclado só o seria se houvesse a separação adequada, e quando o Brasil aumentasse a taxa de reciclagem industrial, nós já estaríamos habituados a fazer o descarte correto. Depois de mais ou menos três meses, ninguém discutia mais comigo e todos faziam o descarte corretamente. Foi a primeira vitória do meu projeto!

Parei de comprar descartáveis. Normalmente, eu os utilizava em finais de semana e em festas, porque facilitava muito o trabalho de organizar tudo depois desses eventos. **Os descartáveis nos dão muita comodidade, mas o preço que já estamos pagando por eles é alto demais, causando prejuízos irreversíveis para o nosso planeta**. Mas eles ainda entravam na minha casa, através de pedidos de refeições delivery. Como meu marido gosta muito de cozinhar, comecei a incentivá-lo a fazer pratos especiais nos finais de semana, ou saíamos para comer fora de casa. Assim, reduzimos bastante a quantidade de descartáveis das encomendas delivery. Algumas refeições, como comida japonesa, que meus filhos gostam muito, ainda chegavam acompanhadas dos descartáveis plásticos, que eu passei a reutilizar no uso doméstico ou reciclar fazendo brinquedos e jogos. O número de restaurantes que fazem entrega com descartáveis biodegradáveis é mínimo, infelizmente.

Ainda falando em recusar os descartáveis, lembrei-me de um caso interessante que aconteceu nessa época. Certo dia, fui a uma lanchonete com meus netos. Larissa, com apenas cinco anos, foi a única que pediu suco de laranja, que chegou logo depois dentro de um copo descartável. Ela fez uma carinha indignada e falou para o garçom:

— Moço, tem copo de vidro lá dentro?

E o garçom respondeu:

— Tem sim!

– Então, por favor, traga um para mim! Eu não quero usar copo descartável porque ele faz muito mal à natureza!

Fiquei impressionada e orgulhosa com a atitude daquela pequena ativista ambiental.

O SEGREDO PARA QUE AS COISAS SEJAM FEITAS É AGIR!

Laura Veras

Capítulo VI

O primeiro carrinho reciclado

Minhas reciclagens começaram com os brinquedos, principalmente pela influência das brincadeiras com meus netos. **Nunca havia feito trabalhos manuais e achava que não tinha talento para isso. Mas com o tempo, minha boa vontade superou minha falta de experiência** e comecei a fazer, além dos brinquedos, quadros, vasos para plantas, utensílios domésticos, objetos para decoração e não parei mais. A reciclagem serviu para mim como uma terapia, me dando mais paz interior e me afastando da depressão. É muito divertido ficar olhando para as embalagens plásticas ou para utensílios plásticos que se quebram (porque estes também vão para o lixo!) e ficar imaginando em que eles poderiam ser transformados. É um bom exercício para a mente. Normalmente, eu prefiro antes "quebrar minha cabeça" fazendo esse exercício, para só depois pesquisar as opções existentes na internet.

Duas vezes por semana, fazíamos cópias ou criávamos algum brinquedo novo. Certa vez, Giovanna, minha neta de sete anos, me questionou:

— Vovó, você ainda não fez nenhum carrinho. Vinícius iria gostar de brincar com um carrinho reciclado.

Nessa mesma noite, fui ao meu estoque de recicláveis, que já estava bem abastecido com as embalagens que eu não descartava mais e com as doações que eu recebia de familiares e amigos. Inclusive, considero essas doações como uma segunda vitória do projeto, porque consegui conscientizar essas pessoas sobre o grave problema causado pelo lixo no meio ambiente. Várias delas, até hoje, me enviam as embalagens limpas. Escolhi as "peças" para fazer o meu primeiro carrinho, que seria dado a meu neto Vinícius, de dois anos. Passei horas na cozinha, testando os materiais para fazê-lo, mas meu grande desafio foi imaginar como seriam as rodas. Fiz vários testes e nada funcionava. Meu marido passou pela cozinha e comentou:

— Esquece isso, Laura! Você nunca vai conseguir fazer esse carro!

Eu, que já estava impaciente porque não conseguia terminar o brinquedo, fiquei mais agitada ainda. Mas, ao mesmo tempo, me senti "desafiada" e pensei: eu vou mostrar a ele que vou conseguir! Respirei fundo para me acalmar e pedi ao meu anjo da guarda que me iluminasse. Em poucos minutos me veio à mente que se eu não tinha as rodas, teria que fabricá-las! Então, busquei na minha caixa de tampinhas plásticas as que mais se adequavam. Fiz recortes no miolo delas para se encaixarem nos eixos (dois rolos de papel de alumínio), fiz colagens e, finalmente, com doze tampinhas consegui fazer as rodas. Imediatamente agradeci ao meu anjo da guarda e fui toda contente mostrar ao meu marido a minha nova "criação". Ele olhou, analisou o carrinho e falou:

— É, ficou bom, mas os pneus não rodam! Então, não serve como brinquedo!

Realmente! Fiquei tão ansiosa para mostrar que havia conseguido, que esqueci de testar as rodas! E seu comentário final me deixou mais nervosa:

— **Laura, vem dormir! Esquece isso! Você vai terminar ficando louca com esse lixo!**

Respondi imediatamente:

— **Louca? Pois você vai ver aonde "esse lixo" vai me levar!**

Quando pronunciei essas palavras, fiquei assustada comigo mesma e pensei: "De onde tirei isso? Aonde esse lixo vai me levar?". Meu marido não conseguiu me convencer a ir me deitar e foi dormir. Fiquei na cozinha, "quebrando a cabeça" para resolver o "problema" das rodas. Respirei fundo novamente e recorri novamente ao meu anjo da guarda: "Obrigada por me inspirar na fabricação das rodas, mas elas precisam funcionar! Me ajude, por favor!". Fiquei observando o carro em cima da mesa, e de repente, ao segurar o carro em minhas mãos, uma roda se soltou! Fiz a colagem novamente e aí consegui detectar o defeito! Eu havia passado a cola no lugar errado, por isso as rodas não rolavam. Fiz os consertos necessários e finalmente consegui! As rodas rolaram! Coloquei um nylon como puxador e saí brincando com o carrinho pela casa, como uma criança, feliz da vida por ter conseguido meu objetivo! Ao chegar ao quarto, meu marido já havia adormecido. Coloquei o carrinho em sua mesinha de cabeceira, para que ele o visse assim que acordasse e antes de adormecer, agradeci novamente ao meu anjo da guarda.

Acordei no dia seguinte com o barulho que ele estava fazendo brincando com o carrinho pelo quarto. Ele me olhou rindo e comentou:

— Parabéns, Laura! O carrinho ficou muito bom! Mas, é trabalhoso demais!

Isso eu tive que admitir! Iniciei o trabalho às 20h e terminei à meia noite, quatro horas depois. No entanto, "perdi" muito tempo pensando em "como" fazê-lo. Com certeza, os demais eu faria em bem menos tempo. Fiz o teste com o segundo e reduzi o tempo de fabricação pela metade, duas horas. Ainda era tempo demais!

Neste mesmo dia, fui a uma loja de aviamentos para fazer umas compras e vi a atendente jogando no lixeiro um carretel grande vazio, de fios têxteis que são vendidos por metro, e perguntei:

— Moça, você pode me dar esse carretel?

— Claro! – Ela respondeu.

Fiquei alguns minutos observando o carretel em minhas mãos. Ele tinha duas rodas ligadas a um eixo, o mesmo formato da "peça" que fabriquei para as rodas do meu carrinho.

— Você sempre descarta no lixo estes carretéis? — questionei.

– Quase sempre! Às vezes, uma senhora que trabalha com artesanato vem buscá-los, mas como não temos espaço para guardá-los, a gente joga no lixo quando ela não vem. Eu tenho outro igual aqui, a senhora quer?

— Quero sim! Obrigada!

Saí da loja imaginando meu novo carrinho com as rodas mais "modernas" e com o tempo de fabricação reduzido.

Ao chegar em casa, separei todo o material necessário e consegui fazer o novo carrinho em apenas meia hora. Redução de três horas e meia do primeiro carrinho! Que maravilha! Depois pensei: "Preciso ter fornecedores de carretéis!". Rapidamente me lembrei de uma amiga que é dona de uma loja de aviamentos e na mesma semana meu estoque de recicláveis, batizado pelos meus netos de Ateliê de Reciclagem, recebia um carregamento de três sacos plásticos grandes, cheios de carretéis, que antes eram todos jogados no lixo!

A partir desse dia, nunca mais precisei fabricar rodinhas e minha amiga reduziu o lixo que seria descartado da loja. Muito obrigada, meu anjo da guarda!

"O QUE VALE NA VIDA NÃO É O PONTO DE PARTIDA E SIM A CAMINHADA. CAMINHANDO E SEMEANDO, NO FIM, TERÁS O QUE COLHER." (CORA CORALINA)

Laura Veras

Capítulo VII
Ateliê de reciclagem todo reciclado

Com o passar do tempo, comecei a receber cada vez mais doações de tampinhas plásticas e de embalagens recicláveis, e vi a necessidade de organizá-las melhor no estoque, pois já não conseguia encontrar rapidamente o que precisava para fazer as reciclagens.

Quando fechei minha última loja, fiz doações de vários armários e gaveteiros que eram destinados ao armazenamento de bijuterias e acessórios, que também eram vendidos na loja, além dos calçados e bolsas. Restaram alguns que estavam danificados, com rachaduras e que eu havia guardado para arquivar documentos e outros materiais de escritório, mas que serviriam para organizar melhor os recicláveis. E foi isso o que fiz.

Felizmente, meu apartamento era grande e com um quarto extra na área de serviços. Transferi minha pequena academia para meu quarto, que também tinha espaço suficiente, e consegui organizar melhor meu estoque.

Minha auxiliar, me vendo procurar algo para improvisar a mesa, comentou:

— D. Laura, a senhora se lembra daquele varal de roupas que estava um pouco enferrujado e que a senhora o substituiu por um de alumínio?

— Lembro sim! Eu lhe disse que o jogasse fora!

— Mas eu não joguei! Fiquei com pena de jogá-lo no lixo e o guardei.

E assim foi feita a minha mesa reciclada, com os pés de um varal de roupas enferrujado, que eu lixei e passei tinta branca nos locais de ferrugem e o tampo feito da madeira de uma gaveta grande que também foi descartada na reforma da casa de Marquinho. O bom dessa "mesa" é que ela é desmontável, o varal fecha e o tampo fica solto, mas se encaixa bem nos ferros laterais, então, posso levá-la para qualquer lugar da casa. Normalmente, uso a varanda para fazer meus trabalhos de pintura, porque é um local ventilado e as artes secam rapidamente. Em relação aos materiais para trabalhar, 90% também eram reciclados. **Escovas de dente, pincéis de maquiagem, esponjas de limpeza e pincéis velhos, depois de higienizados, serviam de excelentes "pincéis" para pinturas e colagens.**

Tampas de embalagens de manteiga ou margarina eram excelentes para serem utilizados como paletas para misturar tintas, e embalagens plásticas de refeições delivery, ótimas para colocar os materiais em uso. Copos plásticos velhos serviam para apoiar os pincéis e também para deixá-los de molho quando lavados. Panos velhos, rasgados, foram reutilizados para a limpeza de trabalhos com pintura. Enfim, é ilimitado o número de itens que podem ser reutilizados em trabalhos de artes. Todos os dias descubro alguma utilidade nova nos produtos e embalagens que normalmente são usados em ambientes domésticos e que depois são descartados no lixo.

Com o novo Ateliê de Reciclagem, criei um fluxograma de atividades que são desenvolvidas desde o recebimento; a limpeza, a triagem, o armazenamento e a destinação de cada um para serem transformados em novos produtos.

Assim, ficou muito mais fácil fazer as reciclagens, inclusive os brinquedos e jogos que faço em série quando realizo doações para creches e outras instituições.

Numa segunda-feira pela manhã, minha auxiliar me fez o seguinte comentário:

— Dona Laura, próximo a minha casa tem uma pequena fábrica de sandálias tipo "havaiana", e normalmente eu vejo que eles jogam no lixo uns sacos enormes com o resto das borrachas que são cortadas. A senhora quer ver o material que eles jogam fora?

— Quero sim!

No dia seguinte ela me trouxe um imenso saco cheio de pedaços de borrachas coloridas, que eu logo espalhei pelo chão da minha área de serviços. Imediatamente, comecei a "visualizar" quadros na minha mente, feitos com aquelas borrachas. Fizemos a limpeza delas, embora estivessem com aparência de limpas e com o saco lacrado. Depois de lavadas e colocadas ao sol, comecei a fazer as artes. Lembro que no mesmo dia consegui fazer quatro quadros de formas e cores diferentes, usando como base quadros velhos, papelões grossos e banners antigos de PVC utilizados nas promoções que eu fazia nas minhas lojas. Eu os havia guardado para usá-los em minha casa de praia, para proteger o piso dos serviços de pintura.

Os quadros feitos com as sobras de borracha foram muito elogiados pelos meus familiares. À noite os observei e fiquei impressionada comigo mesma. Como eu conseguira fazer todos eles? Nunca havia feito aquele tipo de trabalho, e com uma rapidez impressionante! Só consegui pensar numa explicação: **Deus estava me ajudando,**

porque sabia das minhas boas intenções e o nosso planeta precisa de muita ajuda! Depois, fui pesquisar o tempo de decomposição da borracha no meio ambiente e é pior que o plástico, que dura 400 anos. O tempo da borracha é indeterminado.

Por várias semanas eu ainda recebi sacos dessas borrachas e criei muitos outros modelos de quadros. **Fiz várias doações e ainda tenho alguns em meu apartamento, expostos no corredor, batizado por meus netos de "galeria de arte da vovó".** Meses depois, a fábrica de sandálias fechou, mas ainda fiquei com um bom estoque de borrachas coloridas.

“SEMPRE PARECE IMPOSSÍVEL
ATÉ QUE SEJA FEITO.”
(NELSON MANDELA)

Capítulo VIII
Lançamento dos livros "Reciclar e Brincar" e "A Primeira Aventura de Jô e Petita"

Sempre fui muito reservada na minha vida pessoal e nunca gostei de aparecer em redes sociais, tanto que a única rede social que eu utilizava quando encerrei minhas atividades comerciais em 2018 era o WhatsApp, onde eu me comunicava com familiares e amigos.

Inicialmente, para divulgar o meu projeto social, que até então não tinha nome, resolvi que iria escrever um livro relatando minha experiência com reciclagem, enfatizando como fugi de uma depressão reciclando e brincando com meus netos. **Antes mesmo de começar a escrever o livro, o título já estava escolhido: RECICLAR E BRINCAR. Acredito que livros são bons influenciadores e**

seria uma boa maneira de divulgar o projeto sem que eu precisasse aparecer muito, embora eu tenha lido uma frase que ficou em minha mente: **"Se é para o bem, apareça!".**

Quando eu estava escrevendo o RECICLAR E BRINCAR, minha neta Larissa me perguntou:

— Vovó, esse livro que você está escrevendo é uma história infantil?

— Não! Nele eu conto toda a nossa experiência com os brinquedos reciclados que fizemos.

Ela imediatamente se levantou do carpete do meu quarto, onde estava brincando com as primas, e falou:

— Então vovó, você "vai ter" que escrever outro livro! Uma história infantil! Veja bem, as crianças precisam aprender também que o lixo está fazendo muito mal à natureza!

Naquele momento, eu olhei para aquela pequena consultora de cinco anos e vi que ela tinha razão. Segundo o Fundo Mundial Para a Natureza (WWF), uma das causas desse grave problema é a falta de educação ambiental em relação ao descarte do lixo e suas consequências. Minha resposta para ela foi a seguinte:

— Eu vou pensar no assunto, Larissa!

E ela acrescentou:

— Vovó! Eu, Júlia, Giovanna e Vini podemos ser personagens da história infantil e podemos viver várias aventuras!

Mais uma vez fiquei impressionada com a sabedoria de Larissa. Além de sugerir a ideia do livro para crianças, ela também estava me fornecendo diretrizes para a história. Mas ainda teria uma dificuldade — eu saberia escrever o enredo, mas e as ilustrações? Comentei com minhas netas e Júlia, de dez anos, respondeu:

— Isso não é problema, vovó! Rafinha poderá fazer os desenhos!

Ela tinha razão! Rafael, meu sobrinho, que tinha apenas 11 anos, desenhava muito bem. Eu estava realmente com uma consultoria muito eficaz!

No dia seguinte, fui a várias livrarias da minha região e, para minha surpresa, não encontrei nenhum livro infantil que falasse sobre reciclagem doméstica. Voltei para casa e pesquisei na Amazon. Encontrei alguns títulos sobre sustentabilidade e comprei a maioria. Chegaram alguns dias depois. Como eram livros pequenos, li todos em um só dia. Confesso que fiquei decepcionada, porque os livros eram desatualizados, de muitos anos atrás. Então, resolvi que escreveria também uma história infantil e que faria o lançamento dos dois livros no mesmo dia.

Fiz um passeio com minhas netas à praia de Maria Farinha/PE, e quando lá chegamos, sugeri que, ao invés de procurarmos conchinhas, como sempre fazíamos, nós iríamos procurar tampinhas plásticas e outras embalagens do mesmo material que estivessem poluindo a praia. Nosso primeiro resgate foi uma garrafa PET verde, de refrigerante, e uma tampinha plástica amarela, de água mineral. Imediatamente, a história infantil, que eu ainda não tinha começado a escrever, surgiu em detalhes na minha mente. Os nomes dos personagens principais, Jô e Petita, foram escolhidos por minhas netas. A tampinha plástica, Jô, porque era a tampinha de uma garrafa de água mineral Santa Joana, e a garrafa plástica, Petita, porque era uma garrafa PET.

Escrever esse livro foi muito divertido, porque minhas netas acompanharam cada passo da história. O melhor de tudo é que guardaram segredo e não contaram nada para ninguém, nem para os pais. Aquele era um segredo nosso, e só seria revelado no dia do lançamento do livro.

Quando terminei de escrever os dois livros, me senti perdida, sem saber o que fazer. Não conhecia ninguém para fazer a edição e não tinha a mínima noção de como negociar com editoras. **Dois dias depois, ao ler a revista Veja, que chegava semanalmente na minha casa, li uma reportagem**

sobre uma consultoria da Casa do Escritor, de Eldes Saullo, especializada em serviços editoriais para autores independentes. Entrei em contato com a empresa pelo site em agosto de 2019, fiz meu cadastro e um mês após, em setembro, meus livros já estavam disponíveis na Amazon, em e-book e impressos. Fiquei impressionada com o excelente trabalho de consultoria dessa empresa, muito competente e cumpridora de prazos, além de me fornecer vários cursos para escritores dentro do pacote da consultoria. Os cursos me ajudaram demais, já que eu era uma escritora iniciante e não tinha conhecimento de técnicas de escrita. Nessa época, a Casa do Escritor me orientou a ter um site e redes sociais para divulgar meus livros e o projeto social.

Na mesma semana, meu marido recebeu em nossa casa um amigo que tinha uma empresa especializada em sites e mídia digital. Foi muita coincidência! Era impressionante como as coisas estavam fluindo bem. Fechei contrato com a empresa, iMultimídia – Desenvolvimento de Sites. Inclusive, quando falei sobre o projeto social e os livros, Itamar, o dono, me sugeriu que o nome do projeto e do site fossem Jô e Petita, nomes dos personagens principais do meu livro infantil. Gostei e aceitei sua sugestão. A consultoria da Casa do Escritor também me indicou nomes de várias gráficas que poderiam fazer a impressão dos meus livros para serem vendidos no dia do lançamento, e também para comercialização em livrarias, escolas, etc.

Em 13 de dezembro de 2019, fiz o lançamento oficial dos livros RECICLAR E BRINCAR e A PRIMEIRA AVENTURA DE JÔ E PETITA, na Livraria Cultura do Shopping Rio Mar em Recife, ao lado dos meus netos que estavam muito felizes, principalmente Larissa, a idealizadora do livro infantil.

Na ocasião do lançamento, fiz uma exposição de quadros e brinquedos reciclados que foi muito elogiada pelas pessoas presentes. Foi mais uma vitória do projeto Jô e Petita.

"A EDUCAÇÃO É A ARMA MAIS PODEROSA QUE VOCÊ PODE USAR PARA MUDAR O MUNDO" (NELSON MANDELA)

Laura Veras

Capítulo IX
Semeando sustentabilidade

Todos os anos, fazemos um encontro anual da nossa família em hotéis ou pousadas. No final de 2019, resolvi presentear todas as crianças com um jogo da memória reciclado e bem especial. Imprimi fotos duplicadas de todas elas e colei em tampinhas plásticas amarelas de tamanho médio. Utilizei potes plásticos de creme capilar, doados por vários salões de beleza, para guardar as tampinhas e fiz neles uma decoração bem colorida com a sinalização de JOGO DA MEMÓRIA e a logomarca Jô e Petita. Os jogos ficaram lindos! As crianças amaram e curtiram muito ver os rostinhos dos irmãos e primos nas peças do jogo.

Para a minha sogra, que já é bisavó, fiz um jogo da memória com as fotos de todos os seus bisnetos. Ela gostou muito, principalmente porque jogou com a maioria deles.

No ano anterior, em 2018, o presente que dei para as crianças foi um conjunto de matrioskas reciclado com vários tipos de garrafas plásticas em tamanhos diferentes, todas encaixadas uma dentro da outra. A maior com foto da mãe e as outras com as fotos de todos os filhos. Elas amaram também! Na ocasião, também montei uma brinquedoteca reciclada com vários brinquedos e jogos. Foi um sucesso! Até os adultos brincaram!

As crianças se divertem muito com os brinquedos reciclados, tanto ou mais do que com os brinquedos convencionais. Eu faço esse comentário no meu livro RECICLAR E BRINCAR. Inclusive, reforço que é muito importante que a criança tenha conhecimento e contato com a tecnologia digital, mas, em excesso, isso é altamente prejudicial.

O brinquedo reciclado é uma saída para tirar o foco da criança dos jogos e brinquedos digitais. E se elas participarem da fabricação deles, então a brincadeira é completa. Aumenta a interação entre os adultos e as crianças e, com isso, estimulamos o lado criativo, ao mesmo tempo em que despertamos também a consciência sobre nosso meio ambiente e a sustentabilidade.

Incentivemos nossas crianças de hoje! Elas serão os adultos de amanhã! Serão os futuros cidadãos, os futuros empresários, os futuros políticos. Irão desenvolver e aplicar ações que promoverão o desenvolvimento sustentável e formarão gerações muito mais conscientes em relação ao meio ambiente.

Por vários anos, fiz doações de brinquedos convencionais para crianças carentes no Dia das Crianças e/ou no Natal. Mas, depois que aprendi a reciclar, minhas doações passaram a ser exclusivamente de brinquedos reciclados, inclusive os presentes que dou para meus netos também. Meu marido continua comprando os brinquedos tradicionais para eles, mas, normalmente, os que não consigo reciclar.

Quinze dias após o lançamento dos meus livros, fui ao salão de beleza que normalmente frequento e a cabelereira fez o seguinte comentário:

— Laura, minha filha adorou o livro de Jô e Petita! No final de semana passado, a levei para a praia e quando lá chegamos, ela viu um menino entrando no mar com um copo descartável na mão. Ela ficou nervosa e disse: "Mamãe, será que aquele menino vai jogar o copo no mar? Ele não pode fazer isso!". Mas foi isso mesmo que o menino fez, minutos depois. Ela entrou no mar e só se acalmou quando conseguiu resgatar o copo descartável, que ficou flutuando na água, e me falou: "É uma pena que esse menino não aprendeu ainda que não se pode jogar lixo na praia."

Como me senti bem ouvindo aquilo! **Aquela menina entendeu perfeitamente a mensagem do livro A PRIMEIRA AVENTURA DE JÔ E PETITA. A sementinha da sustentabilidade havia sido plantada em seu coração e estava começando a germinar**. Outra coisa que me chamou a atenção, também, foi o fato dela não se irritar com a criança, mesmo com o menino estando errado. Ela entendeu que ele não tinha aprendido aquilo ainda — portanto, não tinha consciência do mal que estava causando, porque se tivesse, não o teria feito. Este exemplo nos mostra que **qualquer mudança que se queira fazer no mundo só será realizada através da educação e da conscientização.**

Naquele momento, eu resolvi que faria uma série de livros infantis "Jô e Petita", porque seria impossível transmitir muitos ensinamentos e esclarecimentos sobre o grave problema do lixo no meio ambiente em um único livro, principalmente sobre o lixo plástico. Então, decidi que, a cada livro, as crianças aprenderiam coisas novas. O título do segundo livro me veio rapidamente à mente: A NOVA VIDA DE JÔ E PETITA. Nele, eu contaria como Jô e Petita seriam recicladas e transformadas em mascotes do meu projeto social de sustentabilidade. A cabelereira foi a primeira pessoa a saber que eu escreveria uma série. Ela ainda comentou:

— Laura, se você precisar de um ilustrador para seus livros, minha irmã estuda Design Gráfico e tem um colega que é excelente nessa área.

Eu não havia pensado nos detalhes da série, porque tinha acabado de tomar aquela decisão. Realmente, meu sobrinho, que havia feito as ilustrações do meu primeiro livro, não teria condições de realizar este trabalho. Era uma criança, só tinha 11 anos, teria que se concentrar nos estudos. Fiz contato com o ilustrador indicado por ela. Gostei do seu trabalho e o contratei. **Mais uma vez as pessoas me apareciam no lugar certo e na hora certa. O universo estava sempre conspirando a meu favor. Agradeci a Deus por isso.**

VOCÊ PODE ESPALHAR SEMENTES DURANTE TODA SUA VIDA. SE DEDICAR A ELAS, DAR O SEU MELHOR, E MESMO ASSIM, NEM TODAS IRÃO BROTAR. MAS É POR AQUELAS QUE CRESCEM QUE TODO O ESFORÇO VALERÁ A PENA!

Capítulo X
Brinquedos reciclados educativos

Em 2019, li uma reportagem sobre um programa da Prefeitura do Recife denominado BRINQUE-DUCAR. É um programa que estimula a Educação Infantil por meio de jogos e brincadeiras, mas com os brinquedos convencionais.

Achei fantástica a ideia e comecei a desenvolver jogos e brinquedos reciclados educativos. Copiei alguns modelos da internet e também criei vários outros, para várias faixas etárias. Com netos em casa com idades de 2, 5, 7 e 10 anos, foi muito fácil testar os jogos e brinquedos, e muito divertido também! Normalmente, reutilizo as tampinhas plásticas de diversos tamanhos na fabricação deles. As tampinhas plásticas, por serem pequenas, são facilmente descartadas na natureza e quase não são recicladas.

Uma simples tampinha pode ser o criadouro do mosquito Aedes Aegypti, causador de doenças como a Dengue, Chikungunya e Zika, e que em alguns casos podem até ocasionar mortes. Por isso, é muito importante que façamos seu correto descarte, já que o plástico pode demorar 400 anos para se decompor.

Nas minhas pesquisas, descobri que em 2016 foi lançado o projeto "Tampinha Legal", o maior programa socioambiental de caráter educativo de iniciativa da indústria de transformação do plástico na América Latina. As instituições assistenciais cadastradas no programa recebem 100% dos recursos obtidos com a venda do material. No site do programa constam mais de 3.000 pontos de coleta, distribuídos em várias regiões do Brasil.

Além dos jogos educativos, praticamente, qualquer jogo de tabuleiro poderá ser confeccionado com tampinhas plásticas. Na maioria dos jogos, são usadas duas cores para as peças, e as peças de cada cor precisam ser iguais. Procuro sempre adequar o modelo da tampinha à peça do jogo original. Como tenho um grande estoque de tampinhas, sempre consigo as que estou procurando.

No meu livro RECICLAR E BRINCAR, eu comento que a reciclagem poderá ser útil em diversos projetos sociais, envolvendo pessoas de todas as idades, de crianças a idosos. Vou exemplificar aqui dois casos que aconteceram com o jogo reciclado RESTA UM. Para quem não conhece, esse jogo tem como objetivo deixar apenas uma peça no tabuleiro, por meio de movimentos válidos. Você poderá jogá-lo sozinho e também poderá fazer um campeonato com outros participantes.

Meu filho mais velho é psicólogo e também atende crianças. Ele me falou, certo dia, sobre um caso curioso de uma criança que estava atendendo. **Por causa do sigilo médico, não me falou nomes, nem maiores detalhes, apenas comentou que os pais estavam desesperados porque a criança, um pré-adolescente que não tinha diagnóstico de autismo, de repente havia parado de falar e não se interessava mais por nada, e isso já durava meses.** Eles já haviam tentado de tudo e não conseguiam que a criança se comunicasse, por isso resolveram procurar um psicólogo. Ele me falou que todas as vezes que atendeu essa criança, só ele falava, ela permanecia muda. Depois que ele me relatou esse caso, passei vários dias pensando sobre o assunto, até que tive uma ideia e fui falar com meu filho:

— Leve este jogo reciclado, RESTA UM, para seu paciente que não está falando. Acho que ele vai gostar. Ele poderá jogar sozinho, e mesmo sem falar, estará fazendo alguma atividade.

— Mamãe, eu não posso dar presentes para nenhum paciente!

— Apenas mostre o jogo a ele, para ver se ele se interessa. Depois, você pode deixar o jogo no consultório, junto com outros brinquedos, ou me devolva, se quiser.

Na semana seguinte, meu filho me telefonou:

— Mamãe, liguei para lhe contar sobre meu paciente e o RESTA UM. Quando ele entrou no meu consultório, eu falei que tinha uma amiga que fazia brinquedos reciclados e disse que ia mostrar para ele o jogo que ela havia deixado para as crianças brincarem no consultório. Expliquei as regras e falei que o objetivo do jogo era deixar apenas uma tampinha, então pedi que ele jogasse. Ele me olhou, sem falar nada, e começou a jogar. Na primeira vez ele deixou 6 tampinhas, depois jogou novamente e deixou 5. Na terceira vez, deixou 4. Olhou para mim e, finalmente, falou:

— Você sabe jogar este jogo?

— Sim! Respondi.

— Então, jogue que eu quero ver! — (Falou novamente!)

— Comecei a jogar e consegui deixar apenas uma tampinha! Ele me perguntou:

— Como você conseguiu?

— Respondi que tinha treinado bem, por isso tinha conseguido. Depois, ele me pediu:

— Posso levar este jogo para minha casa?

— Claro! Assim você terá mais tempo para treinar!

Gente, quando meu filho me contou esta história, eu me emocionei e meus olhos ficaram cheios de lágrimas. Nós havíamos conseguido fazer com que aquela criança falasse! Através de um brinquedo reciclado! Sei que o resultado talvez fosse o mesmo com o jogo original, mas eu só tive a ideia pensando nos brinquedos reciclados que havia feito. Com a criança falando, seria mais fácil para os pais e o psicólogo investigarem o motivo pelo qual ela havia se calado por vários meses.

Outro caso interessante com esse mesmo jogo aconteceu com duas tias minhas, ambas com mais de 80 anos, que vieram nos visitar. Sempre mostro minhas reciclagens para as pessoas que vêm à nossa casa. É uma maneira de divulgar meu projeto, de mostrar tudo que pode ser reutilizado ou reciclado para reduzir o lixo, e também para que eu consiga mais fornecedores de embalagens e tampinhas. **Elas gostaram muito do RESTA UM e ficaram competindo para ver quem conseguiria deixar menos tampinhas.** No início deixaram 9 ou 8, mas depois foram melhorando a performance, cada uma querendo deixar menos tampinhas que a outra. Foi bastante divertido!

Esse exemplo nos mostra que esses brinquedos também podem resgatar a criança que existe dentro de nós, independentemente da nossa idade cronológica.

Vários jogos reciclados poderão ser utilizados pelos idosos, como diversão, para que interajam com outras pessoas. E como são muito fáceis de fazer, eles também poderão confeccioná-los. **Se eles próprios produzirem algo, se sentirão úteis e terão mais uma razão para viver e se afastar da depressão, enfermidade muito comum nessa faixa etária, e ainda estarão contribuindo para a sustentabilidade.** Pretendo expandir o Projeto Jô e Petita também para os asilos, assim como faço com instituições que atendem crianças. É uma forma da reciclagem beneficiar os mais vulneráveis, crianças e idosos, e consequentemente, o nosso meio ambiente.

87

"PARA SER VELHO É PRECISO TER IDADE, PARA SER JOVEM, QUALQUER IDADE SERVE"
(ABÍLIO DINIZ)

Capítulo XI
Reciclagem doméstica X reciclagem industrial

Antes de lançar o livro RECICLAR E BRINCAR, Júlia, minha primeira neta, me pediu para apresentar na escola três brinquedos reciclados que fizemos. A apresentação foi um sucesso! Ela usou datashow para mostrar as embalagens que foram reutilizadas e depois chamou voluntários na sala de aula para testar os brinquedos. A professora deu nota 10 para o trabalho e disse que queria muito conhecer "a vovó" que tinha uma fábrica de brinquedos reciclados em casa.

Certa vez, fui a uma papelaria para comprar colas e tintas para artesanato. Júlia havia me pedido para confeccionar 14 unidades do brinquedo vai e vem, reciclados, que seriam dados às suas amigas convidadas como lembrança de sua festa de aniversário, além de outros jogos que também seriam utilizados nas brincadeiras. O vai e vem é bem divertido! Nele eu utilizo duas garrafas plásticas médias de iogurte Danone, porque são bem resistentes. Quando cheguei à papelaria, precisei aguardar um pouco porque havia uma moça que tinha chegado primeiro e estava sendo atendida. Como eu estava bem próxima, ouvi quando ela comentou com o funcionário da papelaria que o material que estava comprando: folhas de E.V.A., cartolinas e outros tipos de papéis, seriam para a filha fazer reciclagens e apresentar os trabalhos sobre o tema, solicitados pela escola. Na mesma hora pensei: Meu Deus! Não são só as crianças que precisarão ser educadas sobre o real significado da reciclagem, os pais também precisam ser orientados! **A reciclagem deverá ser feita com materiais ou produtos que já foram usados, e para não serem descartados no lixo, poderão ser transformados em outros produtos! Nós precisamos urgente aumentar a vida útil das coisas que já temos em casa. É este o objetivo principal da reciclagem doméstica, e não comprarmos coisas novas.**

A reciclagem industrial é a que transforma a embalagem em matéria-prima que depois é utilizada para gerar um novo produto. Porém, a indústria de reciclagem no Brasil só recicla 3%, no caso dos plásticos. Por isso, se faz mais do que necessária a reciclagem doméstica ou a reutilização destes produtos.

Também em 2019, fiz brinquedos reciclados e doei para as 106 crianças da ONG Casa da Esperança. Para cada faixa etária confeccionei um tipo de brinquedo diferente: boliche com pontuação, jogo das argolas com pontuação, dois tipos diferentes de jogo da memória, vai e vem, dois tipos diferentes de bonequinhas, carrinhos e matrioskas. A matrioska é uma boneca tradicional russa. Ela é constituída por uma série de bonecas, feitas geralmente de madeira, colocadas umas dentro das outras, da maior até a menor. As que fiz, recicladas, foram feitas de garrafas plásticas de vários tamanhos.

Foi um dia de muitas emoções e muito gratificante. Lá aconteceu um fato interessante. As entregas dos presentes foram feitas separadamente por classes, já que eram muitas crianças. Eu mesma fiz as entregas, começando pela classe dos menores. Ao entregar cada presente, eu olhava bem para os olhinhos de cada criança. Quando já havia entregado metade dos presentes, de repente, vi o rosto de uma menina a quem eu já havia entregado o brinquedo (eu sou muito boa fisionomista, nomes até esqueço, mas rostos, não). Então, parei e fiquei olhando para a criança, sem entender o que estava acontecendo. Foi aí que uma professora riu e me falou:

— Ela é gêmea da outra!

Eram idênticas! Ri e continuei as entregas. De repente, surgiu novamente outra criança com o mesmo rosto das duas gêmeas anteriores! Pensei rapidamente: "Meu Deus! O que é que está acontecendo comigo?". Eu havia dormido tarde na noite anterior porque estava terminando de fabricar os brinquedos. Devia ser cansaço! Mas, ao olhar novamente para a menininha, vi o mesmo rosto! Então, olhei para a professora sem entender o que estava acontecendo e ela riu novamente e disse:

— "Elas são trigêmeas"!

Graças a Deus não havia nada de errado comigo! Eram realmente três menininhas iguaizinhas e lindas! Impressionante! Sempre acho engraçado quando me lembro desse fato.

No ano anterior, eu havia feito muitos brinquedos reciclados para serem doados à FUNGERA, uma ONG fundada por meu cunhado em Caruaru e que atende crianças carentes. Lá, os brinquedos também fizeram muito sucesso, principalmente o Vai e Vem.

Laura Veras

"A MENOR DAS BOAS AÇÕES É MELHOR DO QUE A MAIOR DAS BOAS INTENÇÕES"

94

Capítulo XII
Decoração e atitudes sustentáveis

No final de 2019 e início de 2020, passamos quinze dias na minha casa de praia e aproveitei para redecorá-la com objetos e quadros reciclados. Restaurei vários móveis, inclusive mesas e cadeiras plásticas da área externa, que com o tempo vão perdendo a cor e depois são jogados no lixo. Reciclei baldes de cloro, de argamassa e de tinta que serviram de vasos para plantas e até como base para cabides feitos com galhos de árvores, utilizados para roupas de banho, que ficam na área externa da casa. Até os tapetes plásticos dos banheiros externos eu consegui restaurar e ficaram com aparência de novos.

Em anos anteriores, qualquer produto plástico que estivesse desbotado eu jogava no lixo e comprava outro. Esse é um detalhe muito importante em relação ao lixo. Além das embalagens que normalmente são descartadas, existem outros produtos que jogamos no lixo e que vão parar nos lixões, aumentando cada vez mais a grande montanha de resíduos. Isso acontece também com quadros antigos. Eles podem ser restaurados ou reciclados com novas pinturas. Durante uma visita à loja da Piauí Vidros, em Jaboatão, descobri que algumas pessoas restauram seus quadros trocando as molduras, e que estas são descartadas no lixo. Falei sobre o meu projeto com o Sr. Antônio, proprietário da loja, e a partir daí comecei a receber muitas molduras para reutilizá-las em meus quadros.

Meus netos também foram conosco para nossa casa de praia. Então, para que eles participassem da nova decoração reciclada, fizemos juntos um grande quadro com a imagem de um peixe colorido com tampinhas plásticas. Passamos vários dias para terminá-lo. Foi um verdadeiro trabalho em equipe. Ficou bem legal! **Nossa obra de arte ficou com algumas imperfeições, mas não quis corrigi-las. Os momentos que passamos juntos ao fazê-lo foram perfeitos e inesquecíveis.** O quadro foi colocado numa parede da sala e ficará lá por muitos anos.

Ao analisar o lixo que lá descartávamos, vi que precisaríamos mudar vários hábitos para reduzi-lo, e foi o que fiz. Os copos descartáveis já haviam sido abolidos, assim como as embalagens de bolos e sorvetes, que passei a fazer em casa. Uma outra opção para quem quer comprar bolos fora é levar seus porta-bolos ou reutilizar embalagens descartáveis compradas anteriormente; é só higienizá-las e elas poderão ser usadas novamente.

O nosso consumo de gelo para resfriar as bebidas no cooler era grande, já que não tínhamos freezer na área da piscina. Por isso, normalmente comprávamos o gelo em sacos plásticos, que depois eram jogados no lixo. Passei a fazer esse tipo de gelo em casa mesmo, reutilizando embalagens Tetra Pak de Leite, de creme de leite e de leite condensado. O bom é que elas podem ser reutilizadas várias vezes para esse fim, basta deixá-las em temperatura ambiente por alguns minutos que o gelo rapidamente se solta das embalagens. A duração das pedras de gelo formadas é muito superior às que comprávamos em sacos plásticos. Para a fabricação desse tipo de gelo, também reutilizei garrafas PET. Em relação ao gelo utilizado para bebidas, comprei mais formas específicas de gelo.

A reciclagem industrial da embalagem Tetra Pak, chamada cartonada, é muito difícil, porque ela apresenta diversos componentes: papel cartão e um tipo específico de plástico e alumínio, materiais que são prensados e que possuem características físicas e químicas diferentes, o que dificulta a separação deles para serem reciclados industrialmente. Mas ela é sim reciclável, portanto, é importante que as descartemos na coleta seletiva.Existe uma telha ecológica que é feita com essas embalagens, além de cadeiras, coletores de lixo, cadernos, caixas de papelão, divisórias, entre outros.

Com as caixas de leite eu também fiz porta-lápis, porta-talheres para mesa e divisórias para caixas organizadoras. Na internet, existem outras opções de reutilização, e algumas marcas também dão sugestões nas próprias embalagens.

Passei a separar as latas de cerveja e garrafas de vidro para serem doadas a catadores de lixo. **O Brasil é o maior reciclador mundial de latas de alumínio, com índice de 98,4%. Com a enorme desigualdade social do nosso país, muitas famílias encontram nas latinhas uma fonte de complemento de renda. Por essa razão, eu não faço reciclagem doméstica com latinhas e não aconselho ninguém a fazê-las. Elas já estão sendo recicladas industrialmente e geram renda para famílias pobres.** O que precisamos fazer é deixá-las em sacolas de lixo separadas para facilitar sua coleta e reciclagem industrial. **Existe uma lenda que diz que lacres de latinhas derretidos viram cadeiras de rodas. Isso não é verdade! Os lacres vão para a reciclagem e o valor é revertido para compras de**

cadeiras de roda em ações socioambientais. Se você não for doar esses lacres, nunca os separe das latinhas, para evitar que se percam no meio ambiente e nunca sejam reciclados.

Para não comprar água mineral na praia e depois ter que descartar a embalagem, passamos a levar, cada um, sua garrafinha de água. Passei a carregar, em minha bolsa de praia, copos coloridos para as crianças e copos plásticos duráveis transparentes para os adultos. Tudo isso para não usarmos os descartáveis que normalmente são utilizados. O hábito das garrafinhas de água funcionou tão bem que o incorporamos no nosso dia a dia. Sempre que saímos de casa, todos levam suas garrafinhas. Assim, não precisamos comprar novas garrafinhas de água mineral, nem utilizar copos descartáveis que normalmente são oferecidos em vários locais públicos e privados.

Em relação a produtos de limpeza, passei a comprar embalagens maiores, porque conseguia reciclar transformando-as em vasos para plantas ornamentais, que eu utilizava em minha casa e na de familiares. Na internet existem várias receitas para se fazer esses produtos em casa também. As embalagens de produtos de limpeza não são adequadas para hortas, por causa dos produtos químicos. Por isso, utilizo outras embalagens de alimentos e bebidas para esse fim. Nenhuma tampinha plástica era jogada no lixo. Todas eram reutilizadas em jogos, brinquedos e quadros.

O plástico representa uma grande ameaça para os oceanos. Estudos indicam que, se os hábitos de consumo continuarem crescendo de maneira inconsequente e o descarte de resíduos continuar sendo feito em lugares impróprios, em 2050 teremos mais plástico do que peixes nos oceanos, infelizmente.

Na contracapa do meu livro infantil A PRIMEIRA AVENTURA DE JÔ E PETITA, a bióloga e especialista em Gestão e Política Ambiental, Nana Gonçalves, relata:

"Dados emitidos pela ONU, (Organização das Nações Unidas) revelam que todos os anos, 100 mil animais marinhos são mortos em decorrência da contaminação de plástico nos oceanos. Sacolas plásticas flutuam livremente e, ao serem vistas por tartarugas marinhas, são confundidas com o seu principal alimento, a água-viva ou caravela, causando a triste morte dessa e de várias outras espécies que vivem em um ecossistema tão impactado pelo nosso estilo de vida e por hábitos impertinentes. Répteis, aves, peixes e mamíferos são encontrados em nossas praias presos a invólucros, mortos por asfixia e afetando a saúde do ecossistema como um todo, causando impactos negativos para toda a humanidade. Como um ciclo sem fim, tudo volta para a costa através de partículas de microplásticos que são ingeridas também pelos humanos quando há o consumo de moluscos e peixes, principais animais acumuladores destas partículas."

"O HOMEM É PARTE DA NATUREZA E SUA GUERRA CONTRA A NATUREZA É INEVITAVELMENTE UMA GUERRA CONTRA ELE MESMO".
(RACHEL CARSON)

Capítulo XIII
5 países que mais poluem com plástico no mundo

Em fevereiro de 2020, a Livraria Cultura relançou o Programa + Leitores, uma excelente ação de sustentabilidade. Os clientes poderiam levar livros comprados lá em até seis meses e trocar por créditos para uma nova compra e venda dos livros retornados, realizada por um preço mais barato. Isso aumentava sua vida útil, fazendo a economia circular sem a necessidade de produzir mais livros.

Participei do evento com o Bate-Papo sobre o tema "O despertar para a Sustentabilidade", onde pude relatar minhas experiências. Achei importante apresentar a tabela dos cinco países que mais poluem plástico no mundo, segundo o WWF, Fundo Mundial Para a Natureza:

LIXO PLÁSTICO

1º — ESTADOS UNIDOS

2º — CHINA

3º — ÍNDIA

4º — BRASIL

5º — INDONÉSIA

Relatei também todos os problemas causados pelo descarte do lixo no meio ambiente, que já citei nos capítulos anteriores, e chamei atenção para mais dados importantes:

— 50% dos plásticos consumidos são usados uma única vez;

— 1.500 toneladas de resíduos são geradas por copos descartáveis todos os dias, totalizando 720 milhões de copos;

— **Segundo o estudo lançado pelo WWF, o volume de plástico que vaza para os oceanos todos os anos é de aproximadamente 10 milhões de toneladas, o que equivale a 23 mil aviões Boeing 747 pousando nos mares e oceanos todos os anos — são mais de 60 por dia!**

E a nossa responsabilidade diante deste cenário? Precisamos nos conscientizar de que nossa mudança de hábitos diários repercute diretamente nesta atual situação. Todos somos responsáveis pelo lixo que produzimos. É importante evitar o consumo de produtos que geram muitos resíduos.

Em algumas redes de lanchonetes, o lixo produzido é maior do que a refeição realizada. Na hora das refeições, devemos consumir só o necessário, pois nas áreas urbanas, os restos de comida se transformam em lixo orgânico e vão parar em aterros sanitários ou lixões.

É necessário colocar em prática os 5R"s da Sustentabilidade: REPENSAR, RECUSAR, REDUZIR, REUTILIZAR E RECICLAR. **Pedi que cada um de nós fizesse uma reflexão sobre o lixo que descartamos diariamente e começássemos com pequenas mudanças que, depois de incorporadas, poderiam ser acrescentadas a outras**. Dei meus exemplos pessoais, que constam em minhas redes sociais. **Essas mudanças, quando multiplicadas, começarão a melhorar nosso drástico panorama, principalmente se dispusermos também a influenciar nossos amigos e familiares a fazerem o mesmo.**

Durante a palestra, fiz também uma exposição de brinquedos reciclados, em que pude explicar quais embalagens plásticas foram utilizadas na fabricação deles.

Em relação à sustentabilidade, concordo plenamente com a frase **"o maior erro é não fazer nada por achar que se faz pouco".**

Ainda em fevereiro/20, comecei a organizar a festa de aniversário dos meus netos Vinícius e Larissa, que são irmãos. Ele completaria 3 e ela 6 anos. Larissa nasceu no dia 17 de março de 2014; três anos depois, nasceu Vinícius, no dia 20 de março de 2017. Desde o primeiro ano de Vinícius, a festa de aniversário dos dois irmãos foi comemorada no mesmo dia, já que a diferença de data é de apenas três dias, além de ser mais econômico.

As duas festas anteriores tinham sido feitas da maneira tradicional, mas depois que tomei conhecimento do problema do lixo no meio ambiente, sugeri aos meus netos fazermos uma festa sustentável com o tema Jô e Petita. Eles adoraram a ideia!

A quantidade de lixo gerada nas festas de aniversário tradicionais é muito grande, já que são utilizados muitos produtos descartáveis. Toda a decoração seria reciclada, assim como as lembrancinhas. A empresa contratada para o buffet foi avisada de que não poderia servir comidas e bebidas em materiais descartáveis.

As brincadeiras seriam com brinquedos e jogos reciclados. A grande atração da festa seria a loja de

Jô e Petita: uma loja de reciclados, com uma grande variedade de produtos, desde brinquedos para as crianças até artigos de utilidade doméstica. Assim, tanto as crianças poderiam fazer suas compras como as mamães também.

O grande diferencial dessa loja seria a moeda utilizada — em vez de dinheiro, seria tampinha plástica. Ao receber o convite da festa, os convidados foram informados que deveriam levar as tampinhas, e todos já passaram a estocar para utilizar na loja. Todos iriam receber, antes da festa, uma ecobag Jô e Petita, para levarem suas tampinhas. Eu seria a gerente da loja e minhas netas, Júlia, Giovanna e Larissa, as vendedoras.

A festa teria cem convidados, dentre adultos e crianças, e seria realizada no salão de festas do edifício onde moro. Organizei todos os produtos que seriam "vendidos" na loja em caixas separadas, assim como os itens que seriam utilizados na decoração. Minha neta Júlia fez as plaquinhas sinalizadoras dos preços de cada produto, ou seja, o número de tampinhas que valia cada um. Estipulamos que os itens mais simples valeriam um número de tampinhas menor, e de acordo com a complexidade de cada um, esse número iria aumentando.

A loja ofereceria também um crediário de tampinhas. Caso alguma criança ou mãe quisesse comprar algum item e não tivesse o número de tampinhas suficiente, poderia solicitar tampinhas no crediário para futuramente quitar o mesmo número de tampinhas adquirido. A festa seria realizada no último sábado do mês de março/20, data em que estaria disponível o salão de festas.

"NUNCA DUVIDE DE QUE UM PEQUENO GRUPO DE PESSOAS CONSCIENTES E ENGAJADAS POSSA MUDAR O MUNDO. DE FATO, SEMPRE FOI ASSIM QUE O MUNDO MUDOU." (MARGARET MEAD)

Laura Veras

Capítulo XIV
Pandemia do Covid-19

Quando lancei meus livros RECICLAR E BRINCAR e A PRIMEIRA AVENTURA DE JÔ E PETITA, em 07/12/19, entrei em contato com várias escolas da região onde moro e consegui marcar algumas reuniões para apresentar meus livros, já que meu objetivo era que o livro infantil fosse indicado como paradidático. As reuniões foram marcadas para o mês de março/20.

Em 12 de março de 2020, o Governador de Pernambuco decretou quarentena por causa da pandemia do Covid-19. Todos os eventos públicos e privados foram cancelados, porque estava terminantemente proibida a aglomeração de pessoas.

A festa de Vinícius e Larissa foi cancelada, assim como todas as minhas reuniões nas escolas! Resolvi guardar todas as caixas com os brinquedos, imaginando que seria uma fase passageira e que estaríamos apenas adiando a festa. Mas, com o passar do tempo, vi que a situação piorava cada vez mais, sem previsão de retorno das nossas atividades habituais.

Não poderia fazer doações em creches e escolas, porque também estavam fechadas. Foi então que surgiu a ideia de doar todos os brinquedos para os filhos e sobrinhos dos funcionários que trabalhavam no prédio onde morávamos. Foi a maneira que encontrei de fazer a doação sem precisar sair de casa. Lógico que tudo foi devidamente higienizado.

Durante o isolamento social imposto na pandemia, dedicava minhas manhãs ao trabalho doméstico, já que minha secretária fazia parte dos grupos de risco e permaneceu em sua casa durante esse período. Às tardes, eu reciclava e escrevia.

Nesse período, a coleta seletiva do lixo foi suspensa em todo o Brasil por causa dos riscos de contaminação da COVID 19. Normalmente, eu descartava as embalagens que não conseguia ou não sabia como fazer a reciclagem doméstica, mas, **ao saber que a reciclagem industrial estava suspensa e que o lixo doméstico havia aumentado, resolvi higienizar e guardar todas as embalagens plásticas que consumíamos. O apartamento em que morávamos era muito espaçoso e vários armários estavam desocupados. Assim, consegui guardar todo o material durante o período da suspensão da coleta.**

Descobri também, pesquisando na internet, várias receitas de sabonete líquido. Então, durante o período da pandemia, passei a fazê-los em casa utilizando o sabonete em barra. Dessa forma, não precisaria comprá-los e consequentemente ter que jogar fora suas embalagens plásticas. Quero salientar aqui que meu objetivo principal não era economizar, mas sim reduzir a quantidade de lixo plástico da minha casa — porém, a economia também era real.

Sei que aos olhos de muita gente isso poderia parecer loucura. Mas, para mim, era algo que fazia muito sentido, já que resolvi abraçar essa causa e me dedicar a ela pelo resto da minha vida.

Em junho/20, fui convidada para participar de uma live com Eldes Saullo no projeto FLIVE, Feira Literária ao vivo. **Nesse mesmo mês, lancei na Amazon o segundo livro da série Jô e Petita, com o título A NOVA VIDA DE JÔ E PETITA, também editado e publicado pela Casa do Escritor.** Já em seguida comecei a escrever o terceiro livro da série.

O período de reclusão da pandemia foi muito produtivo para mim, tanto na escrita como nas reciclagens. **Minha criatividade aumentou de uma forma impressionante, e o fato de ter um estoque alto de embalagens recicláveis e com grande variedade de itens facilitou muito minha criação**

de objetos, jogos e brinquedos. Todos postados em meu Instagram, @joepetita.

Nesse período, consegui decorar todos os cômodos do novo apartamento de Marquinho, meu filho, com quadros reciclados. No início da pandemia, ele, a esposa e as duas filhas moravam em um apartamento bem pequeno e tiveram muitas dificuldades para trabalhar home office, já que as aulas das meninas também estavam sendo online. Por isso, resolveram morar num apartamento maior. Foi então que sugeri à minha nora a ideia de fazer a decoração do novo apartamento totalmente reciclada, porque eu tinha material e tempo disponível, além de ser bastante econômica, já que eles não iriam gastar nada. Ainda bem que ela aceitou e gostou muito do resultado!

Após finalizar a decoração do apartamento do meu filho, resolvi mudar a decoração da casa dos meus pais, que moram em um condomínio em Gravatá, cidade do interior de Pernambuco. Decorei toda a parte interna da casa com reciclagens. Inclusive, fiz também a restauração de móveis antigos. A casa ficou bem mais colorida e alegre. Em seguida, fiz uma decoração temática para o salão de beleza de Grace, cabelereira e amiga. O resultado ficou muito bom!

É muito importante para a sustentabilidade aumentarmos a vida útil das coisas, porque preservamos o meio ambiente.

O terceiro livro da série JÔ E PETITA foi lançado em novembro/20, com o título JÔ E PETITA NO LAR DA RECICLAGEM. Nesse livro, aparece também meu neto Vinícius como personagem da história. Nos dois anteriores, só apareciam minhas 3 netas. Como Vinícius já havia completado 3 anos e estava falando tudo, resolvi que seria a oportunidade ideal para ele fazer parte da série. Ele ficou muito feliz, embora tenha me questionado bastante sobre o porquê de não ter aparecido nos dois livros anteriores, como a irmã e as duas primas.

Em dezembro/20, participei da primeira Bienal Virtual do Livro de São Paulo, integrando a equipe de escritores que tiveram livros lançados no ano pela Casa do Escritor. Foi uma excelente oportunidade de divulgar o livro e o projeto Jô e Petita.

No Natal de 2020, resolvi doar muitos brinquedos para as crianças da cidade de Manari/PE, um dos municípios mais pobres do estado de Pernambuco e do Brasil. Os brinquedos foram levados por voluntários de uma igreja Batista. Na última semana desse mesmo ano, fiz dois vídeos com toda a minha produção de reciclagem de 2020, com os títulos: "Reutilizando" e "Quadros". Ambos foram postados no meu Instagram, @joepetita.

"VOCÊ NÃO PASSA UM DIA SEM CAUSAR IMPACTO NO MUNDO, O QUE VOCÊ FAZ, FAZ DIFERENÇA."
(JANE GOODALL)

Capítulo XV
Jardim da Reciclagem

No início de 2021, a ONU instituiu o período de 2021 a 2030 como a Década da Ciência Oceânica para o Desenvolvimento Sustentável, ou apenas Década do Oceano, com o objetivo de contribuir para a preservação do oceano. A iniciativa pretende mobilizar recursos para alcançar um oceano limpo, seguro, saudável, produtivo e explorado sustentavelmente; previsível, transparente, conhecido e valorizado por todos. Infelizmente, a reciclagem não consegue acompanhar o volume e a velocidade da produção de plástico descartável, e como já citei anteriormente, cerca de oito milhões de toneladas de plástico vão parar nos oceanos em todo o mundo. Então, vamos fazer a nossa parte e contribuir para preservá-los!

Passamos metade das férias de janeiro/21 com nossos netos em nossa casa de praia em Maria Farinha, e a outra quinzena na casa de meus pais, em Gravatá. Achamos mais seguro, porque a pandemia ainda não havia terminado. Aproveitei esse período para fazer novas decorações e brincadeiras com as crianças com tudo reciclado.

Larissa me desafiou a fazer os cômodos reciclados para a casinha da sua boneca Barbie, e me convenceu quando me disse que era o presente que ela queria ganhar em seu próximo aniversário, quando completaria sete anos. Até então, eu só havia feito casinhas para bonecas menores, tipo Polly, mas com criatividade e boa vontade consegui fazer os três cômodos principais: a sala, a cozinha e o quarto.

No dia 17 de março, aniversário de Larissa, fui convidada para dar palestra sobre sustentabilidade para as turmas do 5º ano do Ensino Fundamental I do Colégio Piedade, localizado onde moro, em Jaboatão dos Guararapes.Metade das turmas assistiu à palestra presencialmente, utilizando máscaras, e metade assistiu online, cumprindo todos os pré-requisitos exigidos pelo governo do estado de Pernambuco por conta da pandemia.

No final da palestra, pude mostrar a casinha que havia feito para a boneca Barbie de Larissa. As crianças adoraram e ficaram impressionadas com as embalagens descartáveis que foram reutilizadas. Dias depois, Larissa me presenteou com um vídeo gravado por ela apresentando a sua casinha da Barbie feita pela vovó Laura. Amei! Imediatamente o postei em meu Instagram.

Nas minhas idas à casa dos meus pais em Gravatá, notei a grande quantidade de embalagens plásticas descartadas no lixo, principalmente de produtos de limpeza. Minha mãe foi acometida pelo Mal de Alzheimer há vários anos e diariamente todos os seus lençóis, toalhas e roupas são lavados, além da higienização do seu quarto, que é feita com frequência — por isso a quantidade de embalagens descartadas é bem maior que a maioria das casas. **Pensando no que fazer com todas aquelas embalagens, já que no condomínio que eles moram o lixo não é reciclado, tive a ideia de fazer um jardim com muitas reciclagens.**

A decoração interna da casa estava pronta, mas faltava a parte externa, que poderia ter um novo paisagismo.

Falei com meus familiares sobre o assunto e todos concordaram que ficaria bem legal, principalmente porque o custo seria mínimo.

E assim, iniciei em maio as reciclagens para o jardim e a escrita do quarto livro da série Jô e Petita, com o título JÔ E PETITA NA PANDEMIA DO COVID-19, que foi lançado na Amazon no final de julho/21, também editado e publicado pela Casa do Escritor.

No mês seguinte, finalizei o paisagismo do Jardim da Reciclagem Jô e Petita. Todos os nossos familiares e amigos gostaram muito, principalmente pelo colorido, e pelas novas áreas que criei para interação dos adultos e crianças. O resultado ficou tão bom que resolvi ampliar o paisagismo reciclado também na área do pomar.

"NÃO CRIEM SOMENTE EXPECTATIVA QUANTO A SALVAÇÃO DO PLANETA. CRIEM PROJETOS TRANSFORMADORES QUE TORNEM SUAS EXPECTATIVAS EM REALIDADE".

Capítulo XVI
Cooperativa Recicla Vila Rica

Dois meses depois, ao chegar próximo ao prédio onde moro, em Jaboatão dos Guararapes, vi um caminhão da prefeitura estacionado ao lado do prédio vizinho, fazendo a coleta de lixo reciclável para a Cooperativa Recicla Vila Rica. Que maravilha! Falei com o motorista e ele me informou que seria necessário fazer o cadastro do prédio para que o lixo reciclável pudesse ser coletado duas vezes por semana. Imediatamente fui falar com a síndica, e para minha decepção ela me informou que já havia falado anteriormente com os condôminos sobre o assunto, mas eles não haviam se interessado. **Era inacreditável! Diariamente a mídia mostrava os problemas do lixo no meio ambiente, e mesmo assim muitas pessoas não se preocupavam.**

Na semana seguinte, vi novamente o caminhão estacionado fazendo a coleta do prédio vizinho, que estava devidamente cadastrado. Falei com o motorista e pedi o número do celular da pessoa responsável pela cooperativa. Ele me forneceu. A responsável era uma senhora chamada Rita. **Entrei em contato e lhe contei toda minha história envolvendo a causa do lixo, inclusive informando que tinha um alto estoque de recicláveis em casa; e pedi que ela autorizasse o cadastro individual do meu apartamento, já que não havia conseguido fazer o cadastro do edifício todo.** Ela foi muito simpática e me disse que meu cadastro poderia ser realizado porque a rota do caminhão não seria desviada, já que o prédio vizinho era cadastrado.

Neste mesmo dia, recebi vários sacos plásticos grandes verdes sinalizados com a logomarca da Cooperativa Vila Rica para colocar o lixo reciclável. Como me senti feliz! Mais uma vitória do projeto Jô e Petita! Pequena, porém importante. A partir deste dia, prometi a mim mesma me empenhar ao máximo para que o edifício todo aderisse ao sistema da coleta seletiva.

Como o exemplo é mais forte do que as palavras, comecei pessoalmente a transportar os sacos de lixo reciclável nos horários mais movimentados do prédio e deixá-los em minha garagem. Os condôminos começaram a me questionar o porquê de tudo aquilo (a montanha dos sacos na minha garagem era enorme) e aí eu explicava toda a história e frisava que se eu colocasse os sacos verdes nos locais do lixo comum, eles seriam levados para o caminhão que passava diariamente toda noite e não seriam reciclados, e que a síndica havia me alertado que os funcionários do prédio só iriam fazer coleta de recicláveis se todo o prédio aderisse ao Programa de Coleta Seletiva da prefeitura.

No início, eu mesma levava os sacos da garagem para o caminhão da coleta seletiva, mas depois foi autorizada a entrada para o funcionário da cooperativa coletar o lixo na minha garagem.

Ouvi vários condôminos dizerem que era um absurdo uma moradora precisar transportar sacos de lixo num edifício em que a taxa de condomínio era altíssima. Quando ouvia esses comentários, eu sempre respondia: Pois é, se todos aderissem, eu não precisaria estar fazendo isto! **Um mês depois, finalmente o prédio todo fez a adesão à coleta seletiva da prefeitura. Imaginem como me senti feliz! Mais uma vitória!** O lixo comum era colocado em sacos plásticos pretos e o lixo reciclável em sacos verdes padronizados fornecidos pela Cooperativa, e ambos transportados pelos funcionários do condomínio. O lixo comum era recolhido diariamente pela Prefeitura, e o lixo reciclável, duas vezes por semana.

Recebi o convite para conhecer a Cooperativa de Reciclagem Vila Rica e fui recebida por Rita, a presidente, que mostrou todo o espaço, dando explicações sobre cada etapa do processo dos materiais coletados. Esse trabalho faz parte do Programa de Coleta Seletiva da Prefeitura do Jaboatão dos Guararapes, que foi premiado pela ONU como Reconhecimento de Eficiência em Serviços Públicos. Aproveitando a ocasião, fiz uma pequena palestra e exposição de quadros reciclados para os funcionários dessa cooperativa. Eles ficaram impressionados com os materiais que foram reaproveitados nas artes. Todos esses quadros foram doados para essa instituição.

"ACREDITE QUE PODE E ESTARÁ NA METADE DO CAMINHO" (THEODORE ROOSEVELT)

Laura Veras

Capítulo XVII
Festa no Pomar da Reciclagem

No início de dezembro/21, visitei à COOCEN-CIPE – Cooperativa de Catadores de Materiais Recicláveis. Ela atua na captação e tratamento de resíduos sólidos urbanos. Atualmente, a Cooperativa reverte 60 toneladas de lixo mensalmente. A parceria da prefeitura de Olinda/PE com a COOCENCIPE é fundamental na realização do trabalho da coleta seletiva junto aos catadores e à sociedade.

No Natal desse mesmo ano, resolvi que o Projeto Jô e Petita iria homenagear todos os funcionários da Cooperativa de Reciclados Vila Rica. Eles receberam cestas de Natal contendo brinquedos reciclados, o livro infantil A PRIMEIRA AVENTURA DE JÔ E PETITA, além de produtos alimentícios típicos do Natal. Minha neta Giovanna, que me ajudou na elaboração das cestas, fez questão de fazer as entregas comigo e conhecer a

Cooperativa. Fiquei muito feliz com a iniciativa dela.

Em janeiro do ano seguinte, fizemos uma festa familiar para os aniversariantes do mês no Pomar da Reciclagem na casa dos meus pais, em Gravatá. Fizemos um churrasco ao ar livre aproveitando um belíssimo dia de sol e as sombras das árvores, que foram decoradas com vários tipos de tampas plásticas coloridas.

Os arranjos das mesas, feitos com vasos reciclados e flores do campo, deram um charme especial à festa. O único produto descartável que foi jogado no lixo foi guardanapo de papel. As latas de alumínio e garrafas PET foram devidamente separadas e entregues à tia de um dos cuidadores da minha mãe, que vende essas embalagens para uma empresa de reciclagem. No condomínio da casa dos meus pais ainda não existe coleta seletiva.

As crianças amaram os brinquedos e jogos reciclados que foram espalhados por todo o pomar, vários pendurados nas árvores e outros em locais estratégicos e com espaço suficiente para as brincadeiras serem realizadas. Até os adultos se envolveram também! Listo abaixo todos os brinquedos que fabriquei especialmente para esta festa:

— Cozinha para bonecas (incluindo fogão, armário, louça, panelas, talheres, potes de mantimentos);

— Jogos de argolas com e sem pontuação;

— Basquete;

— Jogo da velha;

— Boliche com pontuação;

— Vários jogos de memória;

— Jogo de Damas;

— Jogo de Varetas;

— Jogo de associação de cores;

— Vários quebra-cabeças;

— Petebol.

A festa foi um sucesso! Reunimos nossa família, nos divertimos muito, brincamos, e o mais importante é que fizemos isso com responsabilidade, dando exemplo de sustentabilidade. Como já citei anteriormente, as festas normalmente geram muito lixo! Pensem nisso! Vejam o que podem fazer para reduzir o descarte de materiais que tanto prejudicam nosso planeta. As fotos e vídeo do Pomar da Reciclagem estão no Instagram @joepetita.

"TODAS AS FLORES DO FUTURO ESTÃO NAS SEMENTES DE HOJE! ENTÃO, VAMOS SEMEAR SUSTENTABILIDADE!"

Capítulo XVIII
Nova moradia

Em abril de 2022, eu e meu marido resolvemos nos mudar para um apartamento menor. O apartamento em que morávamos era enorme, e com a saída do meu filho caçula, que era o único que ainda morava conosco, parecia que o local havia duplicado de tamanho.

Nossos outros dois filhos já haviam se casado há alguns anos. Para fugir da Síndrome do Ninho Vazio, que se caracteriza pela depressão ao ter que lidar com a partida dos filhos, decidimos que uma mudança de moradia iria nos fazer bem. Decidimos morar no mesmo bairro, porque já tínhamos um apartamento que nos serviria e que só precisaria ser reformado para atender as nossas atuais necessidades, além de ficar próximo das casas dos nossos quatro netos.

Acompanhei de perto a reforma do apartamento. Os armários, balcões, pias, bacias sanitárias, vidros e esquadrias foram todos substituídos, porque não se adequavam ao novo projeto. O único cômodo do apartamento do qual fiz questão de reaproveitar móveis e objetos foi o meu ateliê de reciclagem. Ele tinha que fazer jus ao nome.

Nos demais ambientes, procurei ao máximo doar e reciclar o que não serviria mais para nós, porque senão, tudo iria para o lixo! **A maioria das nossas coisas descartadas poderiam ser reaproveitadas em outros locais, mas, se fossem jogadas fora, se deteriorariam. E aí realmente não teriam mais proveito algum, e ainda prejudicariam o meio ambiente. É importantíssimo que tenhamos essa consciência ambiental.**

Quando organizei nossa nova moradia, fiz várias reutilizações e reciclagens. Várias embalagens plásticas serviram como organiza-dores de gavetas e armários. Fiz também várias artes e quadros reciclados para compor a decoração, e o resultado ficou muito bom. Sempre recebo elogios das pessoas que vêm à nossa casa. Escuto sempre comentários de que as artes não parecem recicladas. Em relação a essa última frase, quero enfatizar que estamos acostumados a ver coisas recicladas como frágeis e mal-acabadas, mas eu garanto que depende de como e de quem as faz. **As artes recicladas podem sim ser duráveis e com excelente acabamento. Tenho várias que já duram anos!** Vai depender muito do objetivo da reciclagem. Se você for fazer algo temporário, como uma decoração de festa, por exemplo, não precisa se preocupar com fragilidade. Normalmente eu reutilizo as reciclagens que uso nas decorações desses eventos. Reutilizo ou reciclo o que já foi reciclado. **Precisamos sempre lembrar que a reciclagem deve sempre evitar mais acúmulo de lixo.**

Ao nos mudarmos, procurei saber se o nosso prédio tinha coleta seletiva e, infelizmente, soube que não tinha. Entrei em contato com o síndico, que me informou que não havia condições para fazer uma coleta seletiva porque não havia espaço suficiente para estocar o lixo reciclável, já que o caminhão da coleta seletiva só fazia o recolhimento duas vezes por semana. No caso do lixo comum, o recolhimento era diário. Meu Deus! – pensei. Vai começar tudo de novo!

Entrei em contato com o pessoal da Cooperativa Recicla Villa Rica, expliquei que havia me mudado e questionei se novamente eles poderiam coletar apenas o lixo reciclável do meu apartamento. Meu pedido foi aceito porque o prédio em frente ao nosso já aderira à coleta seletiva, então fazia parte da rota do caminhão da prefeitura. Respirei aliviada. **Bem, pelo menos o lixo do meu apartamento, de um**

edifício de 15 andares, seria reciclado. Seria apenas o começo!

Informei ao síndico do prédio que colocaria os sacos de lixo reciclável em minha garagem, já que não havia espaço disponível no prédio. Mesmo sendo proibido pelo condomínio deixar qualquer material na garagem, ele aceitou. Ainda bem! Eu estava realmente disposta a "brigar" pelo espaço do meu lixo reciclável. Sempre fui adepta à política da boa vizinhança, mas, ao se tratar de uma causa tão importante, eu não mediria esforços.

A Cooperativa Recicla Vila Rica começou a fazer minha coleta sempre às segundas e sextas-feiras. Alguns condôminos vinham me perguntar, quando me viam colocar os sacos de lixo na garagem, e eu explicava todo o ocorrido. Nenhum deles se interessou em apoiar essa causa, apenas comentavam que sem espaço no prédio não haveria solução para o problema.

Certa vez, uma pessoa comentou que ficava muito feio aqueles sacos de lixo na minha garagem, e eu respondi prontamente: estes sacos que você acha feios (e nem eram tão feios assim, porque eram verdes e padronizados com a logomarca da Cooperativa Recicla Villa Rica) serão reciclados! Feios são os que são jogados nos lixeiros comuns, que vão parar em lixões ou aterros sanitários! E os que são descartados na natureza e que degradam o meio ambiente! Isso sim é que é feio!

Em outra ocasião, minha vizinha de porta veio me questionar o porquê da entrega gratuita de sacos recicláveis para meu apartamento, e eu expliquei que, se ela também quisesse ganhar esses sacos, bastaria se inscrever no programa de coleta da prefeitura e entregar semanalmente seu lixo reciclável. Inclusive ofereci minha garagem para que ela pudesse colocar esse tipo de lixo. Ela me respondeu que viajava muito e não poderia ter essa regularidade, mas que colocaria, sempre que pudesse, embalagens recicláveis na área de serviços para que eu as colocasse junto do meu lixo. Aceitei na hora — era melhor do que nada.

Outro dia, quando desci para minha garagem, vi o porteiro do prédio vizinho ao meu (identifiquei por causa da logomarca no bolso da camisa) analisando meus sacos de lixo. Perguntei o que estava acontecendo e ele respondeu: "Eu trabalho no prédio ao lado e o síndico viu o caminhão da prefeitura parado aqui em frente, recolhendo lixo reciclável. Depois ele soube que só a senhora aderiu ao programa. O nosso prédio vai aderir e o síndico pediu que eu viesse aqui para ver como a senhora faz. "— Meu Deus!", pensei. "Eu não estou conseguindo influenciar as pessoas que moram aqui, mas as do prédio ao lado, sim! É um sinal de que estou no caminho certo e atraindo seguidores pelo meu exemplo!". Então, expliquei tudo direitinho para ele e dei os parabéns pela iniciativa do síndico. Outro fato interessante ocorreu certo dia, quando meu interfone tocou e o porteiro falou: "D. Laura, nós estamos fazendo um serviço extra aqui no prédio e as caixas dos materiais serão todas jogadas no lixo. Eu posso deixá-las na sua garagem para que possam ser coletadas pelo caminhão da coleta seletiva? São muitas e de um papelão muito bom!". "Pode sim!", respondi.

Ainda bem que minhas duas garagens são juntas, porém enviesadas, então existe um espaço entre elas. Senão, não caberiam os sacos de lixo, além do meu carro e o do meu marido. Gostei da iniciativa do porteiro. Mais um apoiador! Até hoje eu não soube se o síndico viu essas caixas, que eram do lixo do condomínio, na minha garagem.

"NÃO TENHA MEDO DE COMEÇAR TUDO DE NOVO. DESTA VEZ, VOCÊ NÃO ESTÁ COMEÇANDO DO ZERO, ESTÁ COMEÇANDO DA EXPERIÊNCIA."

Laura Veras

Capítulo XIX
Sobras de esmaltes

Mais um ano se passou e a mudança de apartamento me fez muito bem. Com a reforma, ele ficou mais aconchegante e meu ateliê ficou muito agradável de se trabalhar. Minha inspiração e criatividade aumentaram muito!

Criei vários jogos e brinquedos novos, a maioria educativos, além de muitas artes decorativas para casas de campo. Aos poucos, o número de seguidores do meu Instagram foi aumentando, recebendo muitos elogios. Nunca fiz nenhuma ação para aumentar esse número. Sempre preferi qualidade a quantidade. Meus seguidores sempre foram reais! Lógico que gostaria que esse número fosse maior para influenciar mais pessoas.

Numa tarde de fevereiro/23, eu estava no salão de beleza que normalmente frequento quando vi a recepcionista jogando no lixo comum um saco plástico cheio de vidros de esmaltes que não serviriam mais para uso. Perguntei se poderia levá-los comigo e comentei: vou pesquisar para saber se posso reciclá-los.

Ao chegar em casa, entrei em contato com Rita, a presidente da Cooperativa Recicla Vila Rica, e perguntei se eles reciclavam os esmaltes. Ela me respondeu que só reciclavam os vidros deles, e se estivessem vazios.

Pesquisei na internet e fiquei impressionada com o que aprendi, e que até então era desconhecido para mim. **Segundo o site ecycle.com.br, o esmalte possui, em sua composição, químicos que são biodegradáveis, mas que podem infiltrar o solo e contaminar a água, e, quando incinerados, gerar gases tóxicos. Por isso, é difícil a sua reciclagem, o que torna ainda mais necessário que o descarte de esmalte seja feito de maneira consciente**.

O Instagram @reciclasampa informa que basta usar um pouco de removedor para dissolver o que sobrou do esmalte e derramar o conteúdo numa folha de papel. O vidro você fecha bem e descarta no lixo reciclável, e o papel você descarta no lixo comum.

Em São Paulo, já existe um programa, chamado Beleza Verde, da empresa de reciclagem Dinâmica Ambiental, que recolhe os esmaltes gerados pelos salões de beleza e realiza o processo de reciclagem, inclusive os líquidos que sobram no vidro. A empresa coloca os esmaltes em uma espécie de centrífuga, e o movimento descola o líquido restante do vidro. A sobra do esmalte possui tolueno, um solvente que não deixa o produto endurecido. Esse composto pode ser reciclado e é transformado em tinta para pintar peças de alumínio e metais. O vidro e o plástico que compõem a embalagem são enviados para as cooperativas de reciclagem.

Na minha pesquisa, descobri também dicas de utilização de sobras de esmaltes:

— Pintar chaves de chaveiros com cores diferentes, para não as confundir;

— Usar esmalte transparente quando a meia-calça desfiar. Passar no final da carreira;

— Usar esmalte transparente nas bijuterias que não são de boa qualidade e que às vezes mancham a pele ou causam coceiras, principalmente anéis e brincos. Nos anéis, passar na parte interior e nos brincos, na parte que entra nas orelhas;

— O esmalte transparente também funciona como cola para lacrar envelopes, colar pequenas partes de bijuterias que tenham caído e em parafusos de óculos quando as pernas afrouxarem.

É realmente impressionante como descobrimos informações importantes quando pesquisamos sobre o correto descarte das embalagens. Repassei todas estas informações para a dona do salão de beleza que frequento e resolvemos criar ações de sustentabilidade dentro do salão para descartar corretamente o lixo lá produzido. O Instagram @reciclasampa, da cidade de São Paulo, fornece informações sobre os mais diversos descartes de materiais.

Quando iniciei meu projeto, esse salão já me fornecia embalagens plásticas de creme capilar para serem reutilizadas em jogos infantis. Então, para chamar a atenção das clientes, resolvi pintar um grande quadro colorido com as sobras de esmaltes, que foi colocado em uma parede que estava vazia. Ao seu lado, fiz um pequeno quadro, também reciclado, com as seguintes informações:

TELA PINTADA COM
SOBRAS DE ESMALTES

Os vidros das sobras de esmaltes doadas pelo Salão Nuance são utilizados em diversas artes do Projeto Jô e Petita. Os vidros de esmaltes só poderão ser reciclados se estiverem vazios. As embalagens esvaziadas são encaminhadas para a COOPERATIVA RECICLA VILA RICA, que faz parte do Programa de Sustentabilidade do município de Jaboatão dos Guararapes.

Para que as clientes também pudessem participar dessa ação, foi disponibilizado um grande vaso de vidro para elas colocarem as suas sobras de esmaltes consumidas fora do estabelecimento. Resolvi fazer a coleta dessas sobras sempre que o vaso enchia, levando para minha casa sempre a metade dos vidros. Assim, o vaso sempre ficava com esmaltes, dando um toque colorido na decoração e chamando a atenção das clientes.

Dois meses depois, houve uma inspeção de rotina no salão feita pela Vigilância Sanitária, e meu quadro pintado com as sobras de esmaltes foi muito elogiado e o salão parabenizado pela iniciativa sustentável. Mais uma vitória do projeto!

Quando iniciei minhas artes com as sobras dos esmaltes, tive bastante cuidado ao manusear esses resíduos, já que se trata de substâncias tóxicas. A primeira coisa que fiz foi usar duas máscaras cobrindo o nariz e a boca, por causa do cheiro forte. A segunda foi trabalhar em ambiente bastante arejado. Como moro à beira-mar e meu ateliê tem um janelão grande em frente à praia, isso não foi um problema. O terceiro cuidado que tive foi nunca trabalhar com esmaltes quando meus netos ou qualquer outra criança estivessem no meu apartamento. Creio que pessoas alérgicas jamais deverão fazer reciclagens com esse material. A maioria das artes que fiz foram postadas no Instagram @joepetita.

"QUANDO ESTIVER SENDO A MELHOR VERSÃO DE SI MESMO, INSPIRE OS OUTROS A SEREM A MELHOR VERSÃO DELES."
(STEVE MARABOLI)

Laura Veras

Capítulo XX
Reconhecimento

O Projeto Jô e Petita começou a ser conhecido e passei a receber convites para dar palestras e trabalhar em parceria com outros projetos de sustentabilidade, atuando em escolas do interior de Pernambuco, fazendo exposições de brinquedos reciclados e contação de histórias da série Jô e Petita para crianças do Ensino Fundamental. Aos poucos, o projeto foi crescendo e se consolidando.

Organizei vários tipos de palestras, para crianças e adultos, para me adequar às estruturas dos locais dos convites. Alguns tinham uma excelente estrutura, com cadeiras confortáveis e recursos audiovisuais. Outros eram extremamente carentes, sem recurso algum, apenas com algumas mesas ou bancadas para a exposição de reciclados.

Para os locais carentes, resolvi fazer uma exposição de reciclados mais interativa, utilizando também discos de vinil com imagens, frases e textos educativos sobre o meio ambiente. Assim, facilitava a transmissão dos conhecimentos e a compreensão de quem estava assistindo. Além de serem fáceis de transportar e poderem ficar expostos em paredes ou colocados em suportes de acrílico.

A reciclagem industrial de disco de vinil não é simples, porque ele possui compostos químicos adicionados, o que inviabiliza sua reciclagem. Na internet, existem várias opções de reaproveitamento desses discos em artesanato. Eu os reutilizo em quadros, *sousplat*, tabuleiro para jogos e agora também em minhas palestras. Você pode também doar ou vender seus vinis para alguém que vá continuar escutando ou para algumas bibliotecas, bazares e até sebos. O importante é nunca os jogar no lixo, porque contaminam o meio ambiente.

Os CDs e DVDs também não são reciclados, porque possuem várias camadas de plástico, alumínio, prata e ouro que precisariam ser recicladas separadamente, o que é inviável. Por isso, é importante que sejam reutilizados em artesanatos e reciclagem doméstica. Eles demoram cerca de 450 anos para se decompor. Eu geralmente os reutilizo em quadros. No Jardim da Reciclagem em Gravatá, fiz também uma moldura de CDs em uma parede por trás de um banco de jardim, para as pessoas tirarem fotos. Ficou bem legal! Vale a pena conferir no Instagram @joepetita.

Muitos CDs têm imagens belíssimas feitas por designers gráficos ou fotógrafos. Verdadeiras obras de arte! Essas artes merecem ser vistas por muito tempo e por várias pessoas. Fiz vários quadros aproveitando essas imagens, que são perfeitas. Geralmente eu só faço algum trabalho de pintura nos CDs sem imagens, para valorizar o quadro ou objeto reciclado.

Também recebi convites para dar palestras e fazer exposições em igrejas, faculdades e empresas, além das escolas e creches, e fiquei muito feliz com isso. Esses locais têm uma influência muito grande na vida das pessoas, influência que se expande para o âmbito familiar e o das amizades. Então, visualizei um campo muito fértil para meu projeto, como uma verdadeira corrente do bem, em benefício da sustentabilidade.

Em relação à coleta seletiva do prédio em que moro, o síndico foi substituído por uma síndica profissional, que foi totalmente a favor de fazermos o cadastro com a Cooperativa Recicla Vila Rica e logo encontrou soluções para que esse tipo de coleta fosse implantado. É aquela velha história, "antes tarde do que nunca". Gratidão, meu Deus!

Quero esclarecer que a palavra **LIXO,** antes, significava resíduos, detritos ou materiais descartados e considerados sem utilidade ou valor.

Agora, ela tem uma nova conotação: **é qualquer material que ainda não pode ser reciclado, reutilizado ou compostado.** Resíduos e materiais recicláveis, quando bem gerenciados, geram emprego, renda e contribuem para um mundo sustentável. Pensem nisso!

Vamos, todos juntos, participar do crescimento sustentável do nosso país!

"NUNCA DESISTA DE UM SONHO POR CAUSA DO TEMPO QUE VAI LEVAR PARA ALCANÇÁ-LO. O TEMPO VAI PASSAR DE QUALQUER FORMA."
(EARL NIGHTINGALE)

Laura Veras

Posfácio

Encerro este livro com uma das mais belas mensagens que recebi sobre o meu trabalho em prol da sustentabilidade. Ao ler estas palavras, tive a certeza de que fiz a escolha certa, e meu sentimento foi de total gratidão.

"Educar vai muito além daquilo que se encontra entre as bordas de um componente curricular, dos aspectos cognitivos da aprendizagem e da face visível do currículo. Educar é buscar aquilo que será útil para a vida inteira, incluindo os valores universais, os temas transversais, a inteligência emocional e tudo aquilo que servirá de ferramenta no enfrentamento dos desafios da vida real.

Laura Veras faz isso com maestria, começando por plantar essas sementes no solo fértil da própria família e depois espalhando sua plantação para o mundo inteiro por meio das páginas magníficas da série de livros "JÔ E PETITA", personagens criados por ela para nos despertar o interesse pela reciclagem, pelo cuidado com o nosso planeta, pelo saneamento da vida, que só será possível se esta grande casa for habitável e segura.

Este post é um agradecimento à autora, um muito obrigado por cuidar de mim, de você, de todos nós."

Robison Sá

Escritor

"SEJA A MUDANÇA QUE VOCÊ QUER VER NO MUNDO" (MAHATMA GANDHI)

Laura Veras

Sobre a Autora

Laura Cristina Rabelo Veras nasceu em Garanhuns/PE em 08/10/61. Filha de Antônio Dirceu Rabelo de Vasconcelos, membro da Academia Pernambucana de Letras e de Gilmar Ramos de Menezes Vasconcelos. Formada em Administração de Empresas pela Faculdade de Ciências e Administração de Pernambuco – FCAP. Exerceu cargos de liderança no varejo durante 20 anos de sua vida profissional e foi lojista no ramo de calçados por 10 anos.

O varejo lhe deu a oportunidade de fazer o que mais gosta: se relacionar com pessoas. Liderou vários treinamentos do varejo estimulando sempre a motivação, o trabalho em equipe e o desenvolvimento pessoal e profissional de todos os colaboradores. Casada desde 1979, é mãe de 3 filhos e avó de 4 netos. Brincando com estes, descobriu sua nova paixão: a reciclagem. É escritora e autora do Projeto Social Jô e Petita. Escreveu também os livros **"Reciclar e Brincar"**, **"A Primeira Aventura de Jô e Petita"**, **"A Nova Vida de Jô e Petita"**, **"Jô e Petita no Lar da Reciclagem"** e **"Jô e Petita na Pandemia do Covid-19"**, escritos com o objetivo de conscientizar adultos e crianças sobre o grave problema do lixo plástico no meio ambiente.

Laura Veras

casadoescritor.com

www.ingramcontent.com/pod-product-compliance
Lightning Source LLC
Chambersburg PA
CBHW050521160726
48003CB00001B/411